JN213243

親を大切に考える子世代のための

老人ホームのお金と探し方

小嶋勝利 編著

はじめに

老人ホームを探し始める前に考えてほしいこと

「老人ホーム探し」をされている方の多くは50～60歳代の子ども世代で、親御さんの入居先を探しています。本書では、ホームを探す際の心構えから、欠かせない知識、実践的なテクニック、そしてこのテーマにどうしても付きまとうお金の話について解説していきます。

「良いところに今すぐ」は難しい

まず、心構えについて。私は老人ホーム紹介センターの経営に関わっていますが、仕事柄、多くの方から「良いホームを紹介してほしい」というリクエストを受けます。そしてそのたびに、「良いホームって何だろう」と考えてしまいます。なぜなら、世の中には「良いホーム」「悪いホーム」というものはなく、あるのは、あなたの親御さんに「合っているホーム」と「合っていないホーム」だけだからです。もちろん、国の決まりに違反していたり、虐待などの犯罪行為や契約違反をしているホームは悪いホームと言えるのですが、全体から見れば一握りでしょう。私は、本書を通して、老人ホームに対する正しい評価の仕方を皆さんに理解していただきたいと考えています。

さらに、もう一つ。これも仕事柄、多くの方から受けるのが「今すぐ入りたい」というリクエストです。親が病院に入院していて、退院を迫られているけれども、身体状態が悪いため自宅に帰れない――。こんな状況になって初めて、老人ホームを探す人が多いのです。そうなると、良いホームも悪いホームもあったものではありません。ましてや親に合っているホームかどうかなんて、どうでもよくなります。

私は「良い老人ホームを紹介してほしい」と言われた場合、ちょっと意地悪ですが、「老人ホームについて学ぶために1年を費やせますか」と聞くことにしています。当然、「Ｎｏ」という回答しか返ってきません。

親の老人ホームを探している子世代の年齢を考えると、会社員であれば重要なポストに就いていたり、逆にリストラの憂き目に遭遇したりしています。主婦の場合、子どもの進学や結婚などのイベントごとに巻き込まれている人も多いでしょう。つまり、自分や家族のことで、環境が激変する世代です。そこへ持ってきて、親の老人ホーム探しなど……。「そんなこと、やっている場合ではない」。これが本音です。片手間で探さざるを得ないのです。

ただ私はあえて、次のような話をします。親の老人ホーム選びに失敗したくなければ、自力で学べることはなるべく学んでから臨まなければならないと。

ちなみに、本書では実践的な方法を述べていきますが、「良いホーム」ではなく「合うホーム」を探すのであれば1年も必要ありません。安心してください。ただ、親御さんと一緒にホームを見学して、資金もきちんと算段できて、親も子世代も納得してホームに入居するといった理想的な手順を踏みたいのであれば、準備期間は長いに越したことはありません。

「失敗した」と思う理由は2つある

本書のタイトルには「親を大切に考える子世代のための」という言葉を入れました。露悪的ですが、親を大切に考えることをやめれば、老人ホーム探しは非常に簡単です。誰かに勧められるまま、親の資産で入れるようなホームを選べばいいからです。

これが「親のための」「親に合った」ホームを選ぶとなると難しくなってきます。結果的に次のような後悔をする人も出てくるでしょう。

■ 老人ホーム探しの「失敗」には2パターンある

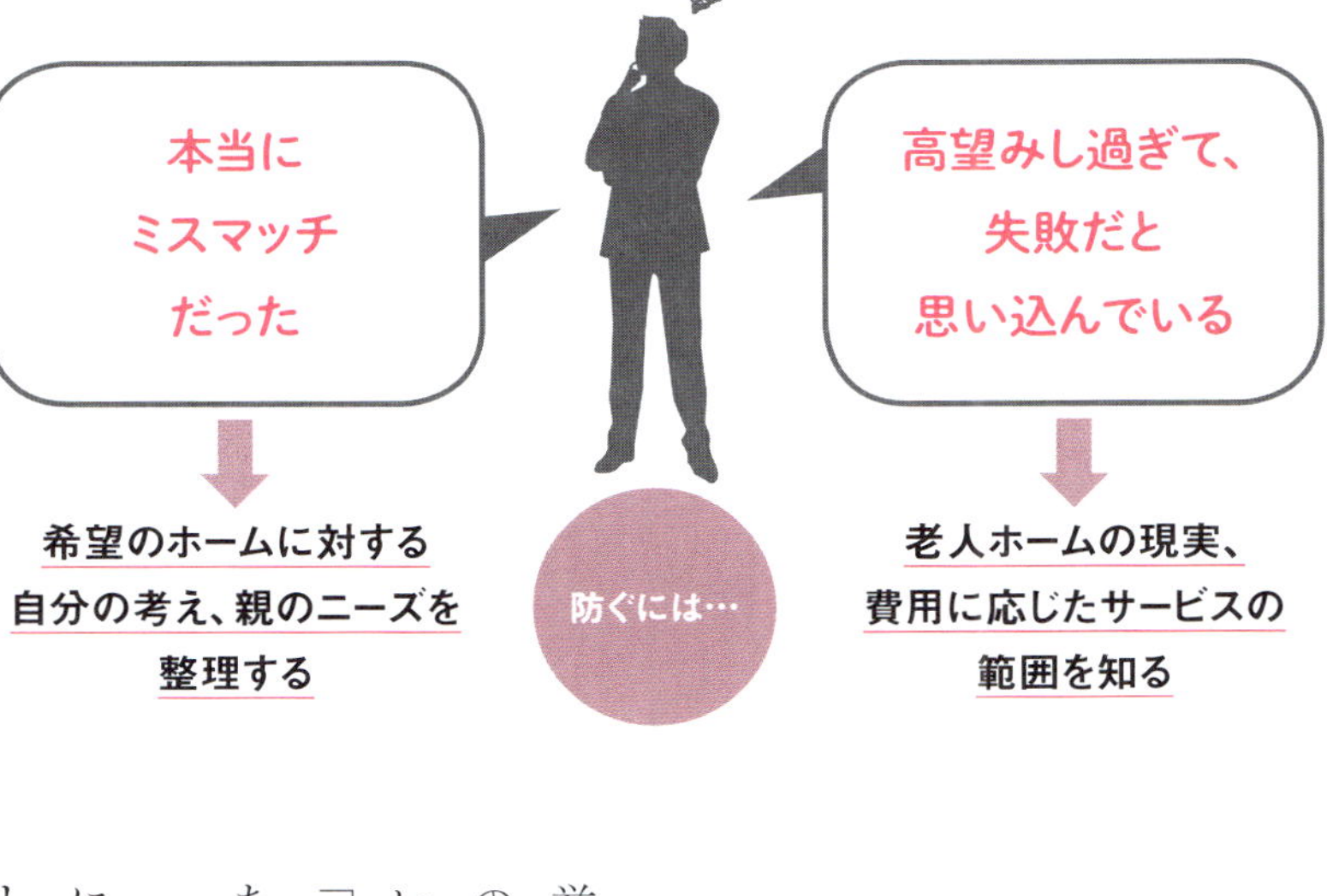

- ホームに無駄なサービスが付いていた。もっと安いところで十分だったかもしれない
- 浮いたお金で、親に様々なことができたかもしれない
- 同じ料金で、もっと親に合うホームがあったかもしれない
- 「こんなところに入れるなんてあり得ない」と親戚から文句を言われた

いわゆる、老人ホーム探しの失敗パターンを挙げました。この原因として第一に挙げられるのが、「希望のホームに対する考えが整理されていない」ことです。加えて、大切な要素として「老人ホームの現実を知らない」という原因もあります。

つまり、ホーム選びに失敗したと感じる背景には、「本当にミスマッチだった」という状況と、「現実を知らず、高望みし過ぎて失敗だと思い込んでいる」状況があるのです。本書では、こうした事態を防ぐために、「希望するホームに対する考えを整理する」「ホームの現実を知る」という2つの観点を軸にまとめています。

体系的に検討されてこなかった「老人ホーム×お金」

親を老人ホームに入居させる場合は、何も「介護」のことだけを考えればよいわけではありません。入居の際は費用が発生します。その費用を誰が負担するのか、親の資産をどう使うのか、という「お金」の使い道を合わせて考える機会でもあります。兄弟、親戚などがいる場合、老人ホームの選択と同じぐらいの密度で、老人ホームに入るための予算や今後の費用負担のあり方、さらには将来の相続についても協議しなければならないはずです。

老人ホームへの入居にかかる予算設定の仕方、老後資金の管理といったお金の話について、これまで一般的な「老人ホーム本」ではほとんど触れられていませんでしたが、本書ではあえて多めにページを割きました。3章は、投資家や生活者向けに実践的なマネー情報を提供してきた専門誌『日経マネー』編集部の書き下ろしです。さらにこの章では、趣味と実益を兼ねて300回超も介護事業所めぐりをされているファイナンシャルプランナーの畠中雅子さん、家族信託の専門家である司法書士法人ソレイユの杉谷範子さんのインタビュー、実際のホームの見学ルポも盛り込み、多角的に学べるようにしています。

最後に、老人ホーム探しにおいて最も厄介なケースについて述べましょう。それは、親が社会的に地位や名誉のある人だった場合です。子世代のあなたから見て、親が偉大だったり、尊敬できる場合と言い換えてもいいでしょう。私の経験上ですが、こういう家庭では、老人ホーム探しが手遅れになりやすいのです。子世代が「老後のことは、きっと親自身が一番考えているはずだ」「何らかの手を打っているはずなので、余計なことはしない方がよい」という根拠なき期待を抱いていることが多いからです。「自分が何を言ったって親は聞く耳を持たない」という畏怖の念を抱いているお子さんもたくさんいます。

あえて直接的に言えば、こういう家庭では親子間の「本音の会話」が不足しています。「うちは違う」と思った方もいらっしゃるかもしれません。でも、考えてみてください。あなたは親の資産を把握していますか。いざ老人ホームを選ぶ際、使えそうなお金はどれくらいか、目安はありますか。こうした踏み込んだ話ができているでしょうか。余談ですが、年間で紹介センターに対する入居相談件数が多くなる月は、1月と8月です。これは、お正月とお盆に兄弟や親族が集まり、親のことを協議しているからに他なりません。

親が今の生活を続けられるか心配だ。親の老後のことは、突き詰めれば自分自身に影響することだから、放置できない。早めに手を打ちたいけれど、やり方が分からない――。

そんな悩みを抱えている人たちに向けた解決の書になればと考えています。

CONTENTS

第2章 親に合うホームはどう探す？

第1章

タイプ別に解説！老人ホームの特徴

chapter 1

ホームの誤解を解く5つのクイズ

老人ホームって何だろう

老人ホームと聞くと、皆さんはどんな施設を思い浮かべるでしょうか。「介護が必要な高齢者が自宅の代わりに暮らす場所」「介護職の援助によって生活を送る場所」。こんなイメージだと思います。「特別養護老人ホーム」「有料老人ホーム」「グループホーム」などの名前ぐらいは聞いたことがあるのではないでしょうか。

ただ、これらの名前を聞いても、あまりピンと来ないのが一般的でしょう。それで問題ありません。専門家でもない限り、網羅的に知る必要は一切ないからです。ピンポイントで押さえておきたい情報に絞って、本章では老人ホームの様々なタイプを紹介していきます。

なお、高齢者が介護や老後の安心な生活を求めて入る施設の総称として「高齢者住まい」という用語もありますが、本書では広義の「老人ホーム」と呼ぶことにします。

ホーム探しで必ずつまずくポイントは

説明を始める前に簡単なクイズを出します。次の老人ホームに関する記述が正しいか正しくないかを選んでください（下のページ数は、対応する解説が記されている場所です）。

- **特別養護老人ホーム（特養）は安いが、順番待ちでなかなか入れない……23ページ**
- **民間の有料老人ホームは高級である……38ページ**
- **多くの老人ホームでは、個人の生活サイクルに沿って自由行動ができる……59ページ**
- **老人ホームは介護が必要になったら入るものである……70ページ**
- **認知症の場合は認知症高齢者グループホームに入るのがいい……74ページ**

さて、皆さんの回答はいかがでしょうか。

正解は「全て正しくない」です。老人ホーム紹介センターにもこうした誤解をしている相談者がたくさん訪れます。本章ではこれらの誤解を一つひとつ解消していきたいと思いますが、その前に老人ホームの全体像を見渡してみましょう。老人ホームの各種類型を「料金」と「介護や医療の必要度」の2軸で表すと、次のページのようになります。

■ 各種老人ホームの立ち位置

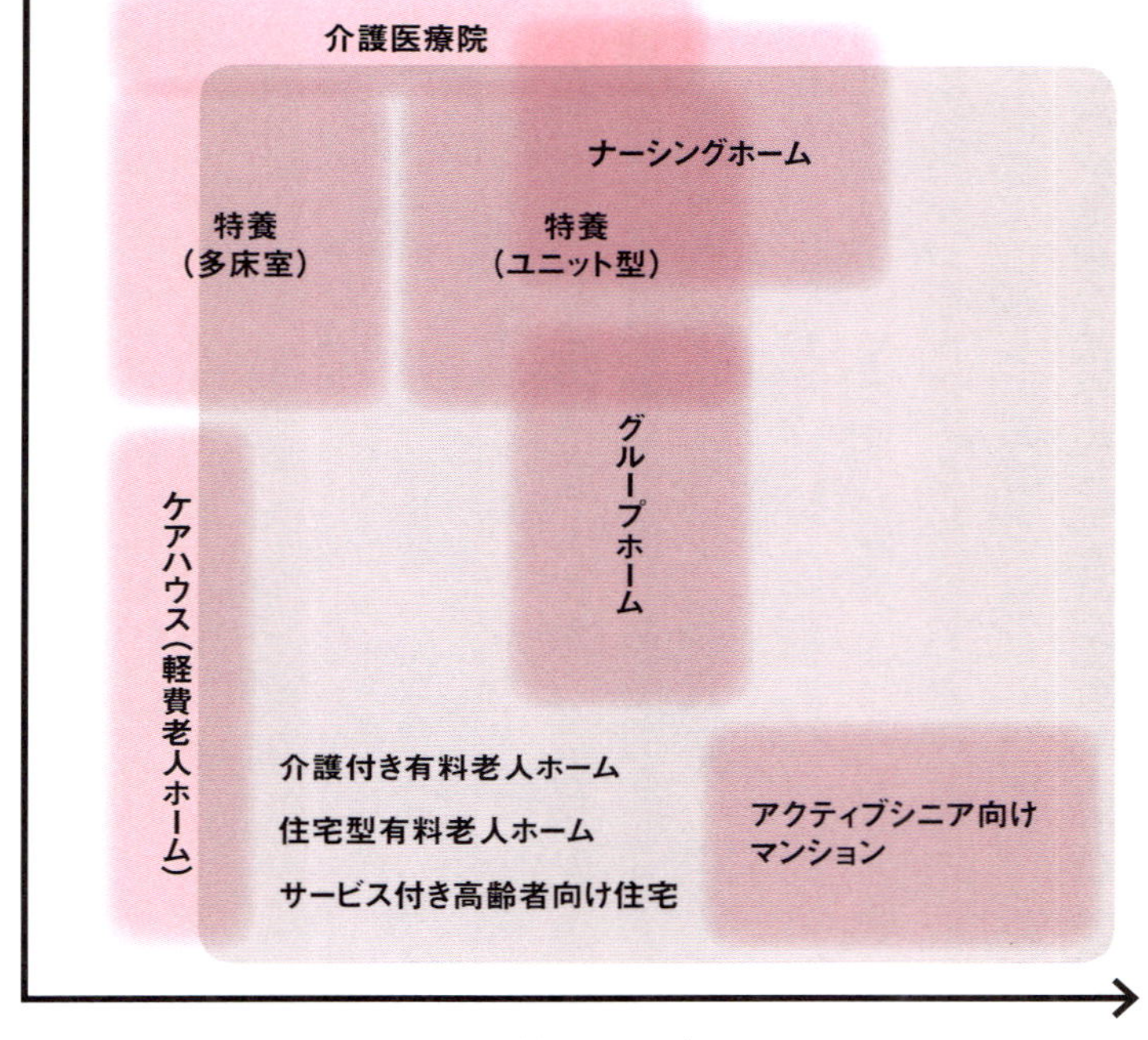

※分かりやすさ重視のため、正式名称と通称（複数サービスが組み合わされた形態も含む）を混在させている
※「介護老人保健施設」は自宅復帰を目指す施設なので図に載せていない。入所期間は3 ～ 6カ月と短く、料金帯は介護医療院とほぼ同じ（個室・多床室があり、低所得者向けの減免措置もある）

一見して、「分かりにくい！」と思ったはずです。これがホーム探しを混乱させる理由でもあります。様々な類型がとにかく入り交じっているのが、老人ホームの世界なのです。

一応、図を補足します。介護付き有料老人ホーム、住宅型有料老人ホーム、サービス付き高齢者向け住宅という「民間ホームの3類型」は、格安から高級まで、軽度から重度な方向けまで、とにかく幅広い種類があります。特養には主に「多床室」と「ユニット型」の2種類があります。ユニット型になると値段がそこまで安くないことが分かるでしょうか。利用者の所得にもよりますが、民間のホームの方が安いという状況が十分あり得ます。要介護度について見ると、特養は原則、要介護3からしか入れません。グループホームは、要支援2以上の人が対象です。

以上から、次のような探し方のヒントが導き出されます。まず、「この類型がいい！」と限定してもあまり良い施設に出会うことはできません。その類型の中にも様々なタイプの施設がありますし、あなたが望んでいる介護を実現しているホームが別の類型で運営されている可能性もあるからです。一方、リストアップした候補について、「どんな類型か」と確認することには意味があります。類型に応じて料金の構成や、中で行われている介護の基本ルールが異なっているからです。こうした内容を前もって知っておけば、実際にホーム側と入居相談をする際に、料金体系や介護の中身について一歩踏み込んで質問できるようになるはずです。

では、老人ホームの各種類型について、押さえておくべきポイントを解説していきます。

特別養護老人ホームってどんなところ？

税金の優遇措置がある公的な施設

「老人ホーム」の元祖として挙げられるのが特別養護老人ホーム（特養）です。運営しているのは社会福祉法人や自治体で、多くは設置時に国からの補助金を受けていたり、法人税などが優遇されているため、どちらかと言えば公的な施設の位置づけです。特養に入れる条件は原則、65歳以上で要介護3以上の人と決められています。さらに認知症の有無や家族の状況などから緊急度が点数化され、点数が高い人から優先的に入所できる仕組みになっているため、結果的に要介護4、5で重度の認知症があるなど、状態が重い人が多く入っている施設です。

昔から存在している介護施設で、数十年も前から運営されている老舗ホームもあります。地域に溶け込んでいるところも多く、定員100人レベルの大規模施設では、お祭りなどのイベントも盛んに行われています。

配置医がいるものの対応範囲は…

特養には「配置医」という医師の配置が義務付けられています。ただ、この配置医は施設にずっといるわけではありません。施設に顔を見せるのは週1～2回で、各入所者が定期診察を受ける機会は月1～2回が一般的です。

配置医の主業務は入所者の健康管理です。できる範囲としては、診療所のかかりつけ医をイメージしていただければいいのではないでしょうか。最近は軽い肺炎程度なら施設内で治療するところもありますが、多くの場合、体調が悪化すれば病院に搬送して治療を行います（2章の114ページで述べますが、「老衰による看取り」だけは別です）。配置医は特養にしかいませんが、民間の老人ホームでも、訪問診療という形で医師に月1～2回来てもらうことが可能ですので、医師のかかわる密度はあまり変わらないと考えていいです。

なお、介護現場における医療行為としては、日々の薬の管理や、血圧、体温などの確認、たんの吸引、経管栄養（胃ろうなど）があればその管理、といった内容が考えられますが、これらを行うのは看護師（と准看護師）です。医師は大まかな指示をするのみです。つまり、老人ホームで医療サービスの充実度を測るのであれば、医師ではなく看護師がどれだけいるかを意識する必要があります。この観点で見れば、特養と民間の介護付き有料老人ホームでは看護師の最低配置基準はほぼ同じです。むしろ民間のホームの中には追加サービスとして看護師を24時間配置しているところもあるので、そこに比べたら一般的な特養は医療ニーズにそこまで対応できないと考えた方がよいでしょう。

つまり、特養は重介護者（要介護3～5）を対象としているにもかかわらず、医療ニーズの高い重介護高齢者には向いていないということです（「医療ニーズ」と、要介護度で表される「介護ニーズ」は全然別ものなので、それでもいいのです）。医療ニーズの高い人は、看護師がたくさんいる民間の老人ホームか、介護老人保健施設、介護医療院などを選択することになります。

多床室とユニット型個室で料金は大きく違う

特養の料金体系を見ていきましょう。特養は低所得者が要介護状態になった場合のセーフティーネットとして作られた施設です。左の図のように、所得や資産に応じて負担額が変わり、収入の少ない住民税非課税の人（第2段階）であれば、生活費を入れても月5万8０００円程度で入れます。現在、国民年金（基礎年金）の平均支給額が月5万6０００円程度ですので、最低限の年金でも料金をほぼ賄える施設なのです。年金をある程度もらっていたり、預貯金がそれなりにある人（第4段階）でも、生活費込みで12万円前後と格安です。

■ 特養（多床室）の月額料金

居住費
基準額※は2万5650円。所得によって3段階の減免措置があり、生活保護受給者は0円。

＋

食　費
基準額は4万1760円。所得によって3段階の減免措置があり、生活保護受給者は9000円。

＋

介護費用（自己負担）
要介護5の1割負担で約3万円（所在地やホームのスペックに応じて変化）。所得に応じた減免措置あり（高額介護サービス費：上限1万5000 ～ 4万4400円）

＋

生活費
ホーム内での教育娯楽費や理美容代、日用品代など。月2万円前後が一般的。

＝

所得段階に応じて変動

第1段階：2万4000円＋生活費（約2万円）
第2段階：3万7800円＋生活費（約2万円）
第3段階：5万5200円＋生活費（約2万円）
第4段階：約10万円＋生活費（約2万円）

第1段階：生活保護受給者など
第2段階：住民税非課税で年収80万円以下
第3段階：住民税非課税で年収80万円以上
第4段階：上記以外

＊預貯金、有価証券などが個人で1000万円超または夫婦で2000万円超なら自動的に第4段階に該当（現在、第1～3段階の対象者を絞る方向で制度の見直しが検討されている）

※「基準額」とは国が決めた特養の基準価格。第4段階の人に対しては、施設が居住費と食費の料金を自由に設定してよく、一般的な特養は基準額と同じかそれ以上の額にしている

■ 多床室とユニット型個室の間取り

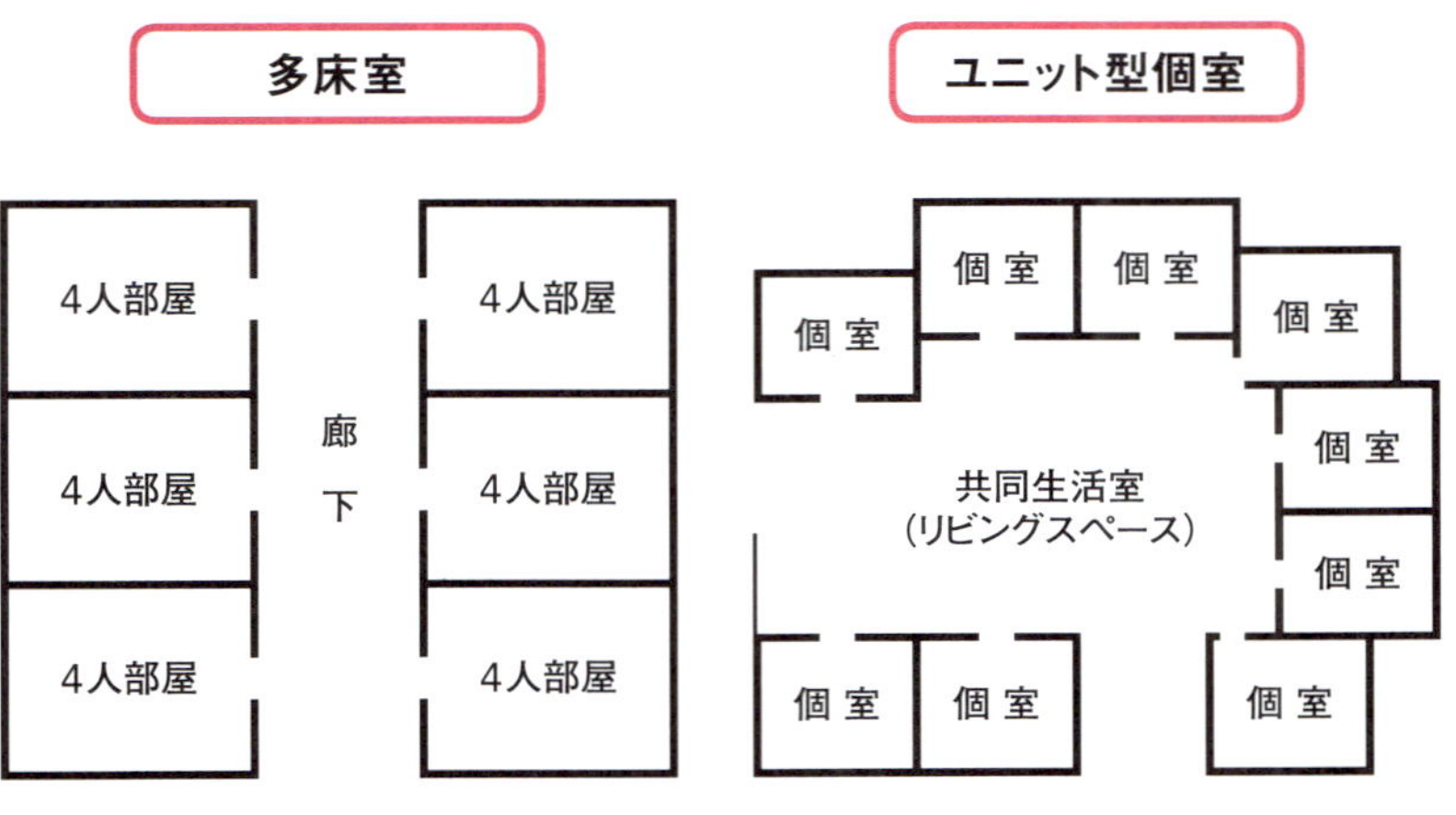

このほかにも、数は少ないが「ユニット型準個室」「従来型個室」「準ユニットケア加算（多床室）」といったタイプがある。

実は最近、この状況が変わりつつあります。皆さんは「ユニットケア」という言葉を聞いたことはないでしょうか。2002年に制度化されて以降、開設された特養の多くは、このユニットケア方式を採用しています。

従来型の特養は「多床室」です。病院と同じような作りで、大部屋に4つ程度のベッドが置かれ、カーテンで仕切られています。食事は食堂で全員が同じ時間に食べます。入浴も曜日を決めて大浴場で複数の入所者が流れ作業のように入ります。大浴場まで車いすに乗った入所者が列をなす光景も珍しくありません。これを「集団ケア」と揶揄する声もあります。ただ、だからこそ1人当たりの運営コストを抑え、利用料金を安くできているという側面もあるのです。こうした「低コスト運営、低価格」の施設が特養であり、これが低所得高齢者のセーフティーネットになっていたのでした。

これに対し、老人ホーム内を1ユニット10人程度に分割し、そのユニット単位で専属の介護職によって介護が行われるのがユニットケア方式です。部屋は全て個室で、ユニットごとに食堂や浴室が設けられています。プライバシーを尊重し、少人数単位で家庭的な雰囲気の中で個別ケアを充実させることを目指したものです。10人という小グループごとに介護を受けられるので、例えば「朝寝坊なAさんは朝食を朝10時に食べる」「Bさんは遅めにお風呂に入りたいので夕方5時に入浴する」など、可能な限り個別の希望に合わせたサービスを受けられます。

もちろん、この個別ケアというのは素晴らしい方法だと思います。しかしこうした素晴らしいことをやるのには手間がかかります。そこまで熟練していない介護職でも個別ケアに対応できるようにするには、人を多く配置する必要があるのです。ビジネスの世界では「工数が増える」とも言います。

つまり、個別ケアを実施しようとすると、結果的に利用料金に跳ね返ってきます。次ページのように、ユニット型特養の月額料金は、生活保護受給者でも生活費込みで月7万円弱かかります。収入が国民年金だけの第2段階の人だと月7万円を超えるので、少ない預金を切り崩し

■ 特養（ユニット型個室）の月額料金

居住費

基準額※は6万180円。所得によって3段階の減免措置があり、生活保護受給者は2万4600円。

＋

食　費

基準額は4万1760円。所得によって3段階の減免措置があり、生活保護受給者は9000円。

＋

介護費用（自己負担）

要介護5の1割負担で約3万5000円（所在地やホームのスペックに応じて変化）。所得に応じた減免措置あり（高額介護サービス費：上限1万5000 ～ 4万4400円）

＋

生活費

ホーム内での教育娯楽費や理美容代、日用品代など。月2万円前後が一般的。

＝

所得段階に応じて変動

第1段階：4万8600円＋生活費（約2万円）
第2段階：5万1300円＋生活費（約2万円）
第3段階：8万3400円＋生活費（約2万円）
第4段階：14万～16万円＋生活費（約2万円）

第1段階：生活保護受給者など
第2段階：住民税非課税で年収80万円以下
第3段階：住民税非課税で年収80万円以上
第4段階：上記以外

＊預貯金、有価証券などが個人で1000万円超または夫婦で2000万円超なら自動的に第4段階に該当（現在、第1～3段階の対象者を絞る方向で制度の見直しが検討されている）

※「基準額」とは国が決めた特養の基準価格。第4段階の人に対しては、施設が居住費と食費の料金を自由に設定してよく、一般的な特養は基準額と同じかそれ以上の額にしている

ながら生活しないといけません。第4段階の人は入所費用だけで月15万円ほどです。この額より安く入れる民間の有料老人ホームは、少し地方に行けばいくらでも見つかります。高齢者のセーフティーネットであるはずの特養が地域によっては民間のホームと同じ、もしくはそれよりも高くなってしまう事態に陥っているのです。

特養の待機者は本当に多いのか

特養に入所を希望する場合は、自治体の福祉相談窓口に申し込むのが一般的です。直接、施設に申し込む場合もあるため、各自治体のルールを確認してください。

かつて、特養は待機者がたくさんいて、「入るまで数年待ち」というところがざらでした。しかし、2015年から入所できる人が要介護3以上に限定されたことで、現在、待機者数は減少しています。待機期間は地域によって差が大きく、いまだに数年かかるところもあれば、短いところは申し込みから1～2カ月（＝入所判定にかかる期間なので、待ち時間は実質ゼロ）で入所できてしまいます。

なお最近、「都心部の特養に空きがある」というニュースを目にするようになりました。事実、2017年3月に報告された「特別養護老人ホームの開設状況に関する調査研究」（みずほ情報総研）によれば、2016年10～11月の調査時点で「空きがある」と回答した施設は26・0％で、政令指定都市や東京都特別区では31・1%と、空室がある施設の割合が高くなっています。

だからと言って、都市部の特養にすぐに入れるというのは誤りです。都市部で特養に空きがある最大の理由は、職員の採用が困難で、「そもそもオープンできない」状態だからです。職員がいなければ、当然、空き部屋があっても入ることができません。

これは、都市部と地方で介護職の不足状況に差があることが原因です。一般的に、介護職の給料は安いとされており、地域によってそれほど差はありません。ただ、都市部と地方では仕事の選択肢の数が圧倒的に違います。地方では「介護職の給料は安いけど、他に働く先がないから介護職をやるか」という人が多いのに対し、都市部では介護職と同じ給与水準の仕事に簡単に就くことができるのです。もちろん介護業界を志して介護職になる人もいますが、「何となく介護職」という人が都市部では圧倒的に少ない結果、都市部での介護職の採用が非常に困難になっています。給料を上げて人手を必死に確保している企業も多くあります。

ただし、本当に入所希望者がおらず、空き部屋があるという特養も増えています。その多くが先に述べたようにユニット型個室を持つ特養です。格安で入れる多床室はいまだに多くの地域で「待ち」が生じているのです。ユニット型特養は、ある程度の費用を負担できる人が対象なので、他の民間ホームと入所者の獲得競争を行っているほどです。かつて特養の職員は入所者獲得の営業なんてしたことがありませんでしたが、病院やケアマネジャーのところに行き、「入所者の候補がいたら紹介してください」と営業に回る姿も珍しくなくなってきました。

さらに、この手の話でもう一つ重要な要素があります。それは、多くの特養では、入所者を選別しているという事実です。私の知人で、ある特養を運営している社会福祉法人の理事長はこう断言しています。「入所希望者の中に、うちの介護職に危害や過大な業務負荷を与えそうな人がいれば、最初から入所を断っている。入所者と職員では、職員の方が大事。理由は、入所者の獲得・定着は容易だが、介護職の獲得・定着は難しいからだ」。

暴力行為があったり、自分勝手なクレームを言ってくる高齢者や家族を受け入れてしまうと、職員に負荷がかかり、辞めるリスクが高まります。介護職不足のこの時代、多少の空きベッドがあっても、職員の業務負荷が高まらないような人を選別して入所させるのが特養の経営テクニックになっているのです。

特養では、入所者を受け入れる際に施設ごとに「入所判定会議」を開き、身体の状態などの基準で入所の可否を判定します。その中で、実際は担当ケアマネジャーから話を聞いてその人の性質を吟味し、〝面倒な高齢者〟は何らかの理由を付けて断るという方法で自己防衛をしています。この事実に対し、単に「ホーム側の差別だ」と解釈するのではなく、実はこういうことが必要なぐらい自分勝手で横暴な高齢者、家族が増えているという理解も必要でしょう。

高所得者の方がホームから「ありがたがられる」理由

ここまで、セーフティーネットとしての特養の役割がうまく機能していない現状について述べてきました。話はやや脱線しますが、実は経営の観点からも、特養は高所得者（第4段階）を集めた方が利益が出るという、若干ゆがんだ仕組みになっています。

低所得者が特養に格安で入れるのは、所得に応じた国の減免措置があるからです。低所得者は特養に利用料を払いますが、そんな額では到底、施設は運営できません。そこで、通常より安くなった分を埋め合わせるように国が特養にお金を給付しています。これを補足給付といいます。この「埋め合わせるためのお金」が問題になります。

それぞれの特養は居住費、食費などの料金を各自設定しています。第4段階（高所得者）の人は、この定価を支払います。一方、国は特養の「基準額」を定めており、施設に支払う補足給付は、低所得者が払った利用料と基準額との差額だけです。基準額が定価と一致していれば問題ないのですが、多くの場合、基準額より定価の方が高いためにおかしなことが生じています。

例を挙げます。あるユニット型特養の定価が居住費6万2000円、食費4万8000円の計11万円だとします。国が決めた基準額は居住費6万180円、食費4万1760円で計10万1940円です。ここに生活保護受給者が入所すると、減免措置を受けるため自己負担は

■特養が得られる居住費・食費収入の例（ユニット型個室）

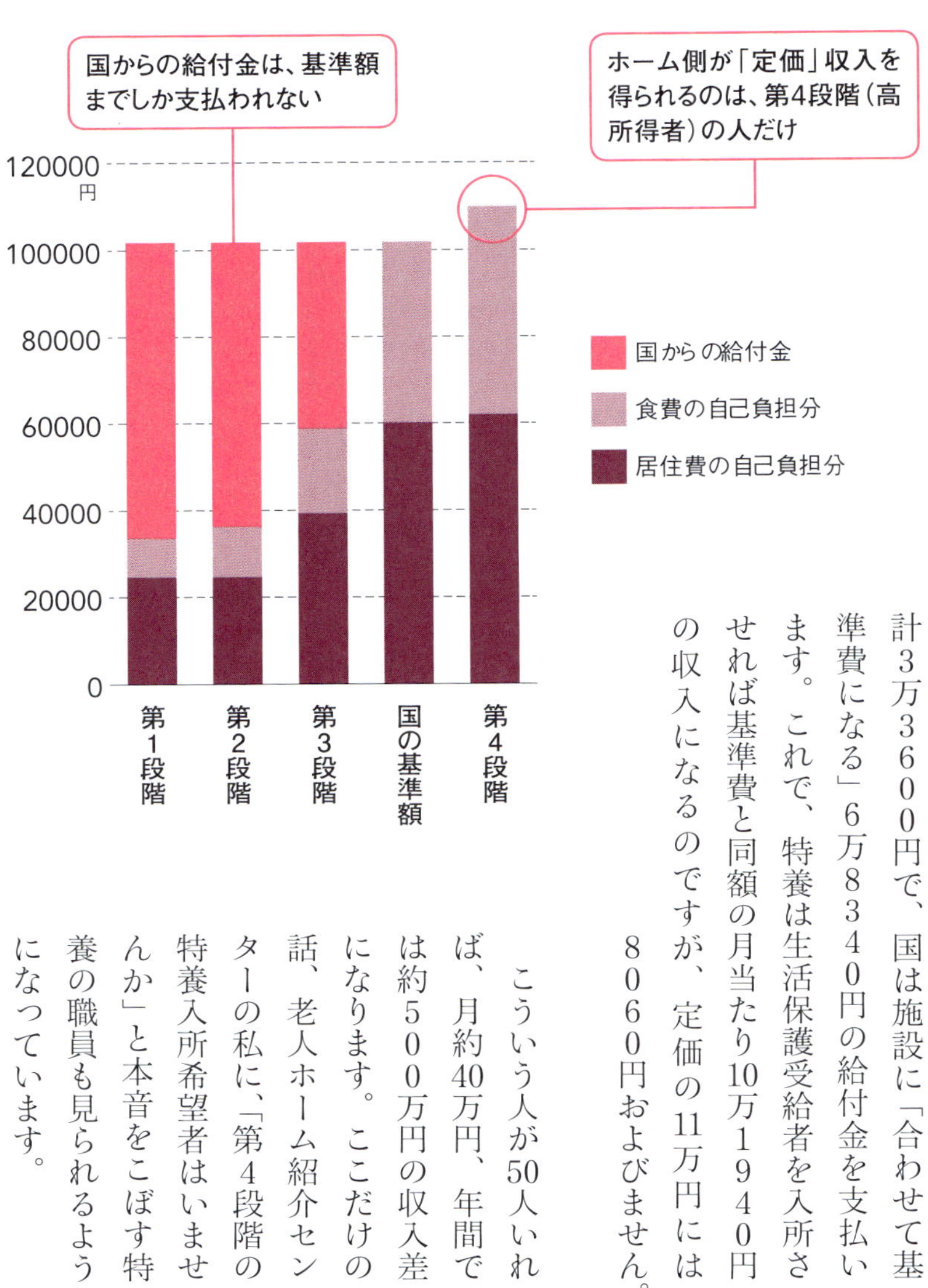

計3万3600円で、国は施設に「合わせて基準費になる」6万8340円の給付金を支払います。これで、特養は生活保護受給者を入所させれば基準費と同額の月当たり10万1940円の収入になるのですが、定価の11万円には8060円およびません。

こういう人が50人いれば、月約40万円、年間では約500万円の収入差になります。ここだけの話、老人ホーム紹介センターの私に、「第4段階の特養入所希望者はいませんか」と本音をこぼす特養の職員も見られるようになっています。

chapter 3

特養の民間版「介護付き有料老人ホーム」

自治体の認可を得ていれば「介護付き」

介護付き有料老人ホームとは、介護保険法上、「特定施設入居者生活介護」（特定施設）というサービスを提供できる老人ホームのことです。昔、郊外に建てられていた、いわゆる「民間の高級老人ホーム」はこの類型であることが多いのですが、今は都市部にも相当な数があり、また、比較的低価格のモデルも存在します。入居するときの状態に応じて「介護専用型」「混合型」「入居時自立型」があります。「介護専用型」は要介護1以上の人、「混合型」は自立、要介護の両方、「入居時自立型」は自立の人のみ入居できます。

少しややこしいのですが、この後に登場する「住宅型有料老人ホーム」と「サービス付き高齢者向け住宅」が「特定施設」のサービスを行う認可を自治体から受ければ、介護付き有料老人ホームに〝進化〟できると考えてください。進化といっても、優劣があるわけではありません。後

■ 介護付き有料老人ホームの（本書での）定義

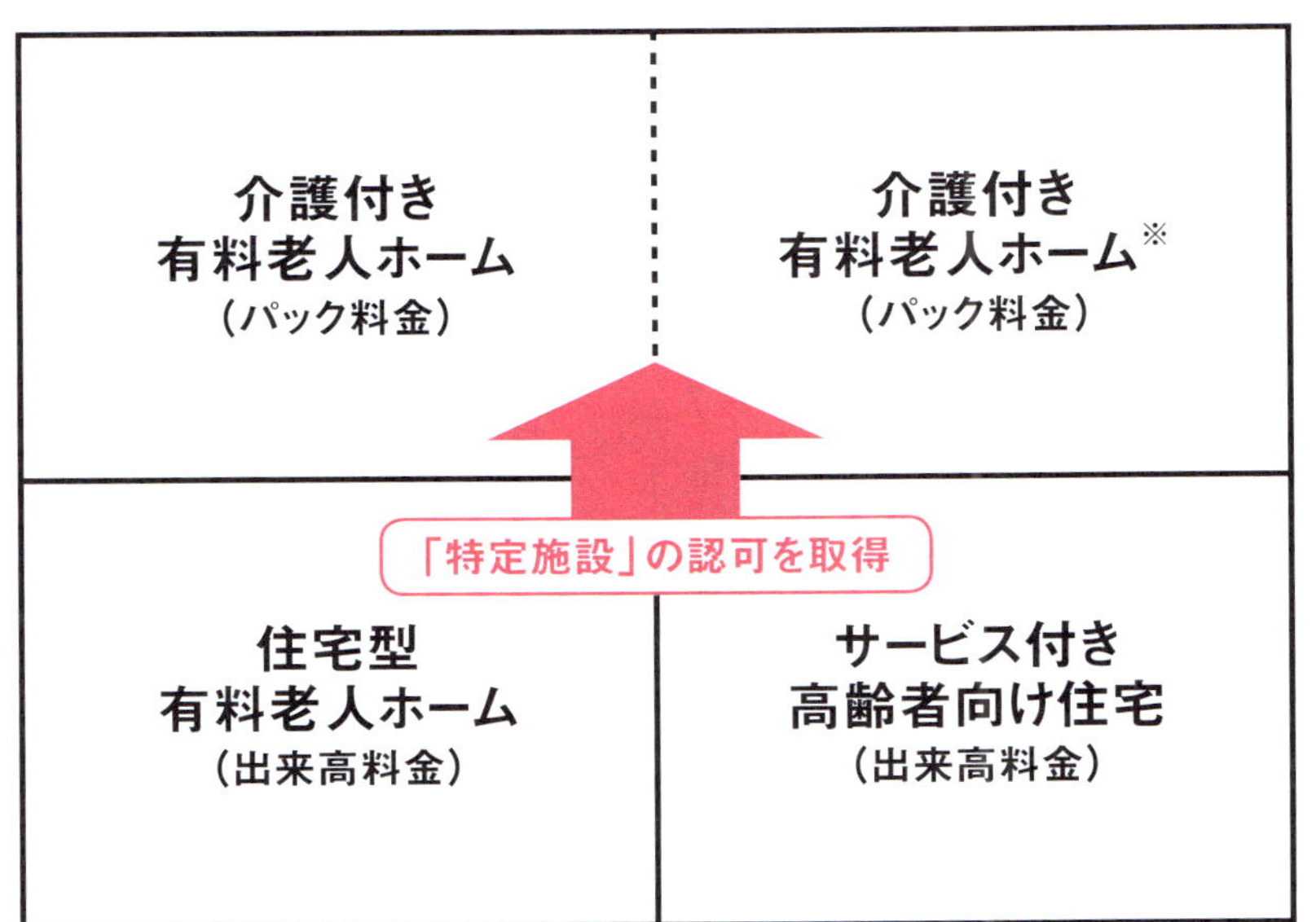

※正確には「特定施設入居者生活介護の認可を受けたサービス付き高齢者向け住宅」と呼ぶべきだが、運営方法は介護付き有料老人ホームと全く同じなので、本書では介護付き有料老人ホームに含める

述しますが、人によっては特定施設ではない住宅型有料老人ホームやサービス付き高齢者向け住宅を選択するメリットもあります。

なお、特定施設の認可を受けているかどうかで有料老人ホームを「住宅型」「介護付き」と区別したのが介護付き有料老人ホームの名前の由来ですが、本書では説明を簡単にするため、特定施設の認可を受けたサービス付き高齢者向け住宅も、介護付き有料老人ホームとして扱います（上図）。

特徴は介護サービスが「パック料金」

介護付き有料老人ホームでは、ホームの職員が入浴、食事、排せつの介助など、日常生活上や療養上のお世話を24時間行います。言うなれば、介護付き有料老人ホームは「特養の民間バージョン」なのです。配置医はいませんが、必要なら外部から月1～2回、訪問診療を受けることができます。また、ホーム内の看護師や介護職の配置基準（最低基準）は特養とほぼ同じですので、基本的には同レベルの介護が行われていると考えてください。介護の費用も月額パック料金なので、その枠組みの中で必要なときに必要な介護を受けることができます。

この「介護費用がパック料金になっている」というのが、介護付き有料老人ホームの大きな特徴です。詳しく説明しましょう。

自宅に住む高齢者が介護（訪問ヘルパーやデイサービスなど）を受けた場合、受けた内容と所要時間によって介護報酬は決まります。毎日のサービスの積み重ねで1カ月分の介護報酬が計算され、その1割（人によっては2、3割）を利用者が介護事業者に支払い、残りは介護保険から事業者に支払われます。この受けたサービスの分だけ支払う形式を「出来高払い」と呼びます。出来高なので、介護を受ければ受けるほど額は増えます。ただ、介護保険を使える月当たりの最大額は要介護度ごとに決まっていて、これを「区分支給限度基準額」といいます（左表）。しかし重度な高齢者の場合、どうしても多くの介護サービスが必要になる人が出てきます。区分支給限度基準額を超えて介護を受ける場合は、超えた分が全額自己負担になるので注意が必要です。限度額内で様々な介護サービスを組み合わせながら生活を続けられるよう、担当ケアマネジャーと相談しながらケアプランを立てるのが、出来高払いの特徴です。

一方、介護付き有料老人ホームや特養などは「パック料金」で運営しています。「丸め」や「包括払い」と表現する人もいます。このパック料金では、要介護度ごとに月額料金（正確には1日当たりの料金）が決まっています。もし必要に迫られ、手厚い介護を受けたとしても、料金が変わらないところは安心感がありますので、メリットだといえるでしょう。

ただ、パック料金は基本的に他の出来高サービスと組み合わせることができません。なので、介護付き有料老人ホーム

■区分支給限度基準額

区分	金額
要支援1	5万320円
要支援2	10万5310円
要介護1	16万7650円
要介護2	19万7050円
要介護3	27万480円
要介護4	30万9380円
要介護5	36万2170円

1単位10円の場合で、自己負担はこのうち1～3割。一部、限度額を超えても介護保険が適用されるサービスがあるため、満額を使うと若干オーバーするのが一般的。グループホームなど、そもそも限度額の対象外になっているサービスもある

■パック料金と出来高料金の特徴

パック料金

施設類型

特別養護老人ホーム、介護付き有料老人ホーム（特定施設）、認知症高齢者グループホーム、介護老人保健施設、介護医療院、住宅型有料老人ホームとサービス付き高齢者向け住宅でパック料金の地域密着型サービス（小規模多機能型居宅介護、看護小規模多機能型居宅介護、定期巡回・随時対応型訪問介護看護）を外部から受ける形

特徴

- 24時間、緊急時も対応してくれる（ただし、食事介助や入浴介助を受ける時間はホームの都合に合わせることが多い）
- ホームにいる間、「見守り介護」のような形に表れない介護も提供される
- 自宅にいるときに利用していたヘルパーやデイサービスは使えない
- 介護を提供せずとも事業者は決まった収入を得られるため、（特に職員数が少ないホームでは）放置されることがある
- 介護の必要性が変動しても定額を払えばいい
- 国が決める介護報酬が上がらない限り、要介護度に応じた介護費用は変わらない

出来高料金

施設類型

住宅型有料老人ホームとサービス付き高齢者向け住宅（訪問介護、通所介護、訪問看護などの出来高払いの介護サービスを外部から受ける形）

特徴

- 自宅と同様、希望する時間・内容の介護をケアプラン通りに受けられる（施設に所属するケアマネジャーからケアプランを押しつけられることがある）
- 予定していない時間に介護が必要になっても、待つか、追加料金で呼ぶ必要がある（ホーム独自の「月額パック料金」を支払うことで、緊急対応してもらえるところもあるが、職員数が少ないと放置されることもある）
- 通い慣れたデイサービスなど、外部事業者のサービスを引き続き受けられる
- サービスに頼らず、身の回りのことを自分でやれば介護費用が下がる
- 介護の必要性が増え、介護保険が支払われる限度額をオーバーしたら、自費で介護費用を支払わないといけない
- ホーム独自の「月額パック料金」は、ホームの経営上の都合による値上げのリスクがある

に引っ越すと、自宅にいるときに利用していたヘルパーやデイサービスなどを利用できなくなるというのが欠点です。住宅型有料老人ホームやサービス付き高齢者向け住宅では、基本的に自宅にいたときのサービスをそのまま使い続けることが可能です（右図）。

パック料金は「不公平感」が生まれやすい？

パック料金の介護付き有料老人ホームや特養では、毎月、要介護度ごとに決まった額（介護保険自己負担分）を請求されます。その場合、入居者や家族の中に不公平感を抱く人が必ず出てきます。現に私が介護付き有料老人ホームに勤務しているとき、こんなことを入居者のご家族に言われました。

「母は身の回りのことを自分でやろうとする性格だから、職員さんからほとんど手助けを受けていないの。けど、あそこにいるAさんはやる気がないから、自分でできそうなことまで手伝ってもらっている。これで同じ料金なのは納得いかないわ」

この気持ちは確かに理解できます。ただ、このご家族は多少、誤解をしていると指摘せざるを得ません。「パック料金」と「出来高払い」のどちらにするかを選ぶ際に、必要な判断材料になりますので、次のことを皆さんにもぜひ知ってもらいたいと思います。

介護の中には入浴介助や排せつ介助のように、「やっている感」が外部に伝わりやすいものがあります。一方、「見守り介護」という言葉をご存じでしょうか。見た目では介護なのかどうか分からないようなサービスですが、れっきとした介護の一つです。

例えば、「歩行時転倒注意」の入居者さんがホームの中を自力でゆっくり歩いていたとします。そのとき職員はその入居者のことをじっと注視し、見守っています。さらに職員の前を通ったときは「今日もお元気に歩けていますね」「もう少しですから、頑張ってくださいね」などと声をかけることにしています。

これはケアマネジャーが作成したケアプランの中に「いつまでも自分の足で転倒せずに歩きたい」という入居者の要望があり、それに対する職員への指示として「歩行中は要見守り。適宜、声かけを」と明記されているからに他なりません。声をかけているだけでなく、「危険なく歩けそうか」「歩行能力に衰えは見られていないか」などを逐一確認しているのです。つつがなくこなすには、高い介護スキルが必要です。

「常に入居者の様子に目を配り、安全な生活ができるようにする」とか、「やる気が出るように声かけする」などといった介護サービスは外から見ても目立ちません。入居者にとってもサービスを受けたという感覚になりにくいため、「放置されている」「何もやってもらえない」という気持ちになるのです。逆にこれが出来高払いのホームだと、介護でカバーできるのはケアプランで定められた時間だけです。こうした見守りが24時間必要だと感じるのであれば、介護付き有料老人ホームを選ぶとよいでしょう。ただ、ここだけの話、職員数が少ないホームの中には、入居者が本当に放置されているようなところもあるのですが……。

出来高がいいか、パック料金がいいか

出来高払いとパック料金で提供される介護の違いとしては、提供時間の縛りもあります。出来高払いでは、「火曜日の14時から訪問介護を30分」だったり「水曜日は10時から6時間のデイサービス」など、提供日時をあらかじめ決めた上で介護サービスを受けます。一方、介護の提供時間をそこまできちんと決めなくてよいというのがパック料金の特徴です。これは長所にも短所にもなります。

例えば高齢者が排せつを失敗したとしましょう。すぐに助けてもらいたくても、出来高で事前に訪問時間を決めておく訪問介護では、基本的に次にヘルパーさんが来てくれる時間まで待たないといけません。パック料金の場合は、空いている職員が柔軟に支援してくれます。ただ、出来高払いのホームもこの点は考えていて、自費のパック料金を独自に用意し、その枠内で緊急対応を行うことでデメリットを解消しているところもあります（詳しくは49ページ以降）。

ただ、提供時間に縛りがないということは、ホーム側も自身の都合で介護を提供できるということですから、裏を返せば「入居者がホームの都合に合わせないといけない」ということにもなります。例えば、「朝ご飯を遅くしたい」「お風呂は午後に入りたい」などと思っても、介護付き有料老人ホームや特養では希望通りにならないことが多くあります（もちろん個別ケアを重視していたり、追加料金を払えば時間の変更に対応してくれるホームもあります）。

住宅型有料老人ホームやサービス付き高齢者向け住宅などで出来高払いの介護を受ける場合は、自宅にいるときと同じようにケアマネジャーさんと打ち合わせたケアプランに沿って、その人の生活リズムに合った時間に介護を受けられます。生活時間にこだわりがある人にとっては、こちらの方が良いということになるのです。

介護付き有料老人ホームの料金はこう決まる

介護付き有料老人ホームの料金体系を見ていきます。料金は、主に「入居一時金（入居金、前払い金）」と「月額利用料金」「介護費用の自己負担分」「その他の費用」の4つに分けられます。

このうち、入居一時金というのはホームに入るための初期費用のことです。ホームによって位置づけは微妙に異なりますが、「数年分の家賃を前払いしている分」だという解釈が一番分か

■介護付き有料老人ホームの料金

入居一時金
ホームに入居するための初期費用。0円～1億円超と幅広い。

＋

月額利用料金
家賃、管理費、食費、水道光熱費、上乗せ介護費用など。入居一時金で家賃分を払っていればその分は安くなる。10万～100万円超と幅広い。

＋

介護費用（自己負担）
要介護度に応じたパック料金。ホームや所在地によって多少異なるが、1割負担の場合、およそ1万8000円（要介護1）～2万7000円（要介護5）が目安。

＋

その他の費用
ホーム内での電話代、介護保険対象外サービス、理美容費、おむつ代、おやつ代、医療費など。月5万～7万円が一般的。

りやすいでしょう。最近は入居一時金がなく、家賃を毎月支払う形のホームも多くあります。なお、介護専用型や混合型では、入居一時金が5000万円以上なら「超高級ホーム」ですが、入居時自立型のホームは、共用設備などに費用がかかっている上、家賃の前払いをする期間が長い（長期間住むことが想定されている）ため、1億円近い設定のホームも結構あります。

月額利用料金はホームで暮らすためのお金です。家賃（入居一時金で全額払う場合は、ゼロ円のこともある）、管理費（生活支援サービスなどにかかる費用など）、食費、水道光熱費、上乗せ介護費用などに分解できます。このうち、上乗せ介護費用というのは、基準よりも手厚い職員配置を行っているホームが、介護保険の自己負担分に上乗せできる料金です。

介護保険の自己負担分は、前述のように月額パック料金です。要介護1で1割負担なら約1万8000円が目安で、要介護度が変わらない限り基本的に値段は変わりません。ただ、ホームのスペックやサービス内容、所在地に応じて、数千円程度、異なることがあります。

その他の費用は人によっても異なりますが、5万～7万円程度を見ておけばよいでしょう。内訳は、電話代、介護保険対象外サービス、理美容費、おむつ代、おやつ代、医療費などです。かかりつけ医の外来への付き添いサービスや、規定より多い回数の入浴などを希望する場合は、追加料金がかかることがあります。

モデル事例として、介護付き有料老人ホームの中で「高級」な部類に入るホームと「リーズナブル」なホームの2つ（タイプ1・2）を提示します。比較しやすいように、両方とも東京都世田谷区にある実在のホームの料金を一部、改変しました。ちなみに、東京23区内なのでどちらも割高ですが、タイプ2のホームは初期費用なしで月26万円ぐらいで入れます。地方でしたら、月10万円台のホームもたくさんあります。厚生年金をもらっていれば、預金に手を付けなくても入れそうな額です。決して高級ホームばかりでないことがご理解いただけたでしょうか。

2つのモデル事例の「月額プラン」を比べてください。107万円と24万円、実に4倍もの価格差があります。この差の理由は、2章で詳しく説明したいと思います。

タイプ1　高級な介護付き有料老人ホーム

前提：東京都世田谷区、75歳、要介護1の場合

入居一時金プラン

▷**入居一時金：7000万円**

▷**月額利用料金：32万円**
（家賃0円、管理費16万円、
上乗せ介護費用10万円、
食費6万円）

▷**介護費用自己負担分：1万8000円**

月額プラン

▷**入居一時金：0円**

▷**月額利用料金：107万円**
（家賃75万円、管理費16万円、
上乗せ介護費用10万円、
食費6万円）

▷**介護費用自己負担分：1万8000円**

ホームの特徴：
職員配置1.5対1、24時間看護師常駐、おむつ代、日用品購入代などは管理費に含まれる

タイプ2　リーズナブルな介護付き有料老人ホーム

前提：東京都世田谷区、75歳、要介護1の場合

月額プラン　（入居一時金プランはなし）

▷**入居一時金：0円**

▷**月額利用料金：24万円**
（家賃10万円、管理費8万円、食費6万円）

▷**介護費用自己負担分：1万8000円**

ホームの特徴：
職員配置3対1。おむつ代、日用品購入代などは別途請求

入居一時金で払う？月額料金で払う？

さて、老人ホームの中には、タイプ1のように料金の支払い方として家賃を「全額、入居一時金として支払う」プランと、「月額で払う」プランの2種類を選べるようにしているところがあります。他にも、「家賃の半額程度を入居一時金で支払う」といったように、2つのプランの中間を用意しているホームもあります。

私は立場上、「どのプランで支払うとお得なのでしょうか」という質問をよく受けるので、ここで説明しておきま

す。先に答えを言うと、「ホームに何年いるつもりかによって損得は変わるけど、正直そこまで変わらない」ということになります。

ホームに長く入居する人は、確かに入居一時金プランの方がお得です。入居一時金によって一定期間分の家賃を前払いしておけば、この一定期間が過ぎた後でも、原則、追加の一時金を支払うことなく家賃ゼロのまま住み続けられるからです。ただ最近は、一定期間が過ぎた後に再度、入居一時金の半額程度を請求する事業者もあります。

なお、この一定期間というのは、ホームが提示している料金表に書かれている「償却年月数」（償却期間、想定居住期間）のことです。要介護者向けのホームであれば5〜7年が一般的で、入居時の年齢で設定を変えているところもあります。

一方、例えば「特養の空き待ち」で介護付き有料老人ホームに入る場合は、すぐに退居することが予想できるはずです。ホームが設定した償却年月数に満たない期間で退居した場合、既に支払った入居一時金のうち将来の家賃分が戻ってくるのですが、一部、戻ってこない分があるので、その部分は損をしてしまいます。これが「初期償却」と言われる額で、入居一時金の10〜30%をあらかじめ引き、早めに退居しても返さない契約にしているホームが多くあります（クーリングオフ［170ページ］は除く）。入会金のようなものだと思えばいいでしょう。すぐに退居したいと思っている人には無駄なお金ですので、月額払いプランを選ぶのが賢明です。

■ 入居一時金の内訳

初期償却	「入会金」みたいなもので、入居したら返金されない。入居一時金の10～30%のところが多く、ないところもある
家賃の前払い分	償却年月数の間の家賃を前払いしている扱い。早く退居すれば、返金される。一般的に、償却年月数を過ぎて入居し続けても家賃が上がることはない

一般論で言えば、償却年月数が60カ月（5年）のホームに関して、初期償却（10～30%）も考慮しながら計算すると、入居一時金払いの方が月額払いよりお得になるタイミングは、入居後3～4年目に訪れます。正確なタイミングを知りたければ、ホームの担当者に聞けば計算してくれるはずです。

ただ、ここまで書いておいて何ですが、「特養待ち」などの特殊事情を除けば、いつまでホームにいるのかを予想するのは困難なのが現実でしょう。ですので、「どちらの支払い方が得か損か」という議論は少し現実からかけ離れているような気もします。

むしろ、この支払いプランの選択には、

「どうやってお金を工面するか」といった要素の方が大いに影響するのではないでしょうか。高額な入居一時金をすぐに用意できない場合は、当然、月額払いプランを選択するでしょう。一方で、高齢者の中には、いつまで自分が長生きするのか分からない中で、「預貯金が毎月減っていく」ということに恐怖感を抱く人も多くいます。そういう人は入居一時金を先にドンと払って、あとは自分の年金収入などの範囲で月額利用料金を賄い、預貯金額を一定に維持するという選択の方が、魅力的に映るのだと思います。

「特養待ち」の意向は言わない方がいい？

このチャプターで「特養待ち」の話題が出てきたので、少し補足します。介護付き有料老人ホームや住宅型有料老人ホーム、サービス付き高齢者向け住宅などに入る際、「特養待ちだからすぐに出るつもりだ」と公言すると、ホームの営業担当者や職員から嫌な顔をされるので注意してください。営業担当者は「また入居者を募集しないといけない」という、がっかりした気持ちから嫌な顔をするだけですので、特に被害はないのですが、現場の介護職に「特養待ち」であることが伝わるとそうも言っていられません。

よく考えていただければ分かることですが、介護は一定期間をかけてお互いに人間関係を築きながらベターな付き合い方を探っていくものです。私の介護職としての経験から申し上げると、入居者とその家族の趣味嗜好などを理解し、誤解のない関係性を構築するためには、3カ月程度は必要だと思っています。

介護職は、新しい入居者が来た場合、膨大な入居者情報にまず目を通します。そして一定期間は、日常生活の記録をかなり詳細に取るようにと管理者から指示を受けるものです。新しい入居者は「どういう人か分からない」ので、どのような細かい情報でもほしいという心理が働くからです。さらに、家族など関係者の情報も把握しなければなりません。これだけの手間をかけた方が「良い介護」ができると考えて、こうした行動を取っているのです。

従って、介護職は「特養待ち」を公言する入居者に対して、真剣に対峙しないという行動を取る傾向にあります。口では「真剣にやります」と言っても、本音では「どうせすぐいなくなるから、適当にやっておけばいい」という気持ちになるのが〝人〟というものです。

「特養待ち」なのかそうでないかは、入居契約の際にホーム側から聞かれることもあります。もしホームが気に入って、特養に空きができたとしてもホームに残る可能性が少しでもあるのでしたら、「特養待ち」の意向はお互いのために言わない方が、メリットは多いと思います。

自宅の延長「住宅型有料老人ホーム」の実態

出来高で介護を受ける「住宅型」

住宅型有料老人ホームとは、前のチャプターで述べた「特定施設入居者生活介護」の認可を得ていない有料老人ホームのことです。そもそも「有料老人ホーム」とは、老人福祉法という法律で定められた施設で、その要件は、①60歳以上の高齢者を1人以上入居させる、②食事、介護、洗濯・掃除、健康管理のいずれかを提供する——の2点を満たしていることです（左図）。集合住宅に60歳以上の高齢者を入居させ、食堂で食事を提供したり、ヘルパーさんが身の回りの世話をするようなところは、全て有料老人ホームに該当します。

この有料老人ホームは介護保険上、基本的に自宅の延長という扱いです。なので、介護サービスも自宅暮らしの高齢者と同じ形で提供されます。つまり、ケアプランを作成して訪問ヘルパーやデイサービスなどを組み合わせて生活を支えるという形です。これらの介護サービスの

■「有料老人ホーム」の条件

▷60歳以上の高齢者を1人以上入居させる
（介護を受けるなら65歳から）

▷食事、介護、洗濯・掃除、健康管理のいずれかを提供する

上記の2点を満たした上で、都道府県などへの届け出が必要。法令上の基準はないが、各自治体の「指導指針」で居室面積（13㎡以上の個室）などの基準が定められている

料金は、使った分だけ請求される「出来高払い」です。それに加えて、ホームのサービスとして食事の提供や掃除などが行われます。ホームに併設されている事業所だけでなく、基本的に外部のヘルパーやデイサービスも使えますし、サービスを受ける時間もケアマネジャーとの相談で決められるといった点も自宅と同じだと考えてください。

ただ、後述するように、ホームの方針で様々な制限を受ける場合があります。

半数以上は「介護付き」と中身がほぼ一緒

繰り返しになりますが、これまでに登場した特別養護老人ホームや介護付き有料老人ホームと、住宅型有料老人ホームの最大の違いは、介護サービスが前者はパック料金、後者は出来高料金であることです。住宅型有料老人ホームは日中に看護師を配置する必要がないなど、職員の配置基準にも差があります。

ただ、これらは制度的な違いです。ここからは住宅型有料老人ホームの運用実態、つまりホームの入居者がどんな介護を受け、どうやって日々を過ごしているのかについて書きます。

結論から言えば、世の中の半数以上の住宅型有料老人ホームは、介護付き有料老人ホームや特養とほとんど変わらない、むしろ全く同じだと言わざるを得ない方式で介護を行っています。種明かしをすると、住宅型有料老人ホームは運営の自由度が非常に高いため、事業者の工夫によって、ほぼ介護付き有料老人ホームと同じような運用ができているというわけです。

では、なぜこんな複雑なことが起きているのでしょうか。それは住宅型有料老人ホームがここまで増えてきた過程に原因があると考えています。

今から十数年前、国は介護付き有料老人ホームに「総量規制」をかけました。事業者が自由に介護付き有料老人ホームを開設することができなくなり、開設のためには都道府県や市区町村の許可が必要になったのです。都道府県や市区町村は介護保険料が増えないように、介護付き有料老人ホームの新規開設を規制し始めました。

事業者からすれば、事実上の〝死刑宣告〟です。民間事業者にとって、一度始めた事業を止めるというのは非常に難しいものです。彼らは一定数のホームを出店することで経営効率を上げ、利益を出すことが一つの目的ですから、その目標とするホーム数を達成する前に規制をかけられてしまうと、商売あがったりなのです。

そこで、多くの事業者が取った方法が、総量規制とは関係ない「住宅型有料老人ホーム」を開設し、目標とするホーム数を確保するということでした。

ただ、これまで介護付き有料老人ホームを運営してきた事業者にとって、住宅型有料老人ホームは制度や基準が異なり、自らの運営ノウハウを当てはめることができません。結果、苦肉の策として多くの事業者が選んだのが、開設形態は住宅型有料老人ホームで、運営は介護付き有料老人ホームと同じ形で行うという手法でした。これが、多くの住宅型有料老人ホームが〝ほぼ〟介護付き有料老人ホームとして運営されている実態の背景です。

自前のパック料金で隙間時間を埋める

では、具体的にどのようにして住宅型有料老人ホームが「介護付き」のように運営できているのか説明しましょう。介護サービスに関しては、介護付き有料老人ホームはパック料金、住宅型有料老人ホームは出来高料金だというのはこれまでに説明してきた通りです。

介護付き有料老人ホームでは入居者1人当たり、決まった額の介護保険収入がホームの運営事業者の懐に入る一方、住宅型有料老人ホームでは介護を提供すると、その提供元の介護事業所が収入を得ることになります。ホームの運営事業者ではない外部企業のヘルパーが入居者に訪問介護を行ったら、この外部の企業に介護報酬が支払われてしまうのです。

つまり、住宅型有料老人ホームの純粋な収入源は、家賃や管理費などの不動産収入だけです。これではマンション経営とさほど変わりません。介護付き有料老人ホームを長年提供してきた介護系企業にとって、運営メリットがほとんどないということになります。

そこで、考えられたのが次の方法です。まず、高齢者が住宅型有料老人ホームに入居しようとすると、こんな提案をされるはずです。「ケアマネジャーを当社所属の者に代えて、ケアプランをホームの生活に合わせて見直しませんか」。このケアマネジャーの変更は入居の際にやんわりお願いされることもありますし、「入居の条件です」ときっぱり言われることもあります。

次に、ホームで利用する介護サービスが、自宅にいたときに使っていたものから、住宅型有料老人ホームの会社が運営する訪問介護やデイサービスに変更されます。「これまでのデイサービスに引き続き通い続けたい」などの強い希望があれば、多少は考慮してくれるかもしれませんが、基本的には、ホームの運営会社の職員から介護を受けることになります。

ホームの事業者にとっては、入居者に対して自社の介護サービスをできるだけ多く利用させることが経営的なメリットになります。中には、介護保険が使える限度額（区分支給限度基準額）のうち、何％利用させたかをＫＰＩ指標（経営管理の重要指標）にしている老人ホーム運営会社もあるくらいです。介護保険の自己負担は1割の人が多いので、介護費用が少し上がったところで入居者の負担感はそれほど増しません。一方、自己負担が１０００円増えると介護事業者の収入は1万円増えることになるので、事業者にとっては影響が大きいのです。

さらに、次の方法で出来高料金の欠点を埋め合わせています。訪問介護やデイサービスは、時間で区切られたサービスですので、基本的に介護が行われるのはその時間のみです。介護付き有料老人ホームのように24時間365日ケアするのは区分支給限度基準額いっぱいまで介護サービスを使っても無理で、自宅と同様、夜間帯などは居室での放置時間が長く続いてしまいます。これでは、わざわざ高い料金を払ってホームに入るメリットがありません。

そこで編み出されたシステムが、一定のパック料金を入居者に支払ってもらう代わりに、介護保険サービスでは足りない隙間時間を穴埋めする方法です。このパック料金は、「生活支援費」「生活支援サービス費」「安心パック料金」などの名称で呼ばれており、管理費に含めているホームもあります。基本的には介護保険サービスで介護を行い、ちょっとした隙間時間や簡単な緊急対応、夜間の見回りなどは生活支援費で行うことで、住宅型有料老人ホームにいながら、介護付き有料老人ホームと遜色ない包括的な介護を受けられるのです（次ページ図）。

■ 介護付き有料老人ホームと“ほぼ”同じ介護を行える仕組み

6:00		
7:00	起床	**訪問介護でモーニングケア**
8:00	朝食	
9:00		**通所介護（デイサービス）で見守りや生活支援**
10:00	入浴	
11:00		
12:00	昼食	
13:00		
14:00		
15:00		
16:00	おやつ	
17:00		
18:00		
19:00	夕食	
20:00		
21:00	就寝	**訪問介護で排せつ介助など**
22:00		
23:00		

主な介護は、時間が区切られた訪問介護や通所介護サービスで行う。それらでは見切れない隙間時間（配膳・下膳、緊急の排せつ介助など）を管理費や生活支援費でカバーする

ここまでの話を総合すると、住宅型有料老人ホームを制度通り運営するだけではどうしても隙間時間が出てきてしまい、要介護高齢者の面倒を見切れないということになります。つまり完全なホームではないということです。

一方で、「ホームが完全である必要はあるのか」という見方もできるでしょう。自宅暮らしと同様、要介護者が老人ホームで生活をすると様々な事故が発生します。廊下で転倒するとか、ベッドや車いすから落ちるとか、中には、気がついたらベッド上で死亡していた、というようなこともあります。これは要介護高齢者になら誰にでも起きる現象です。

しかし、今はこれらの現象が起きた場合、「老人ホームにいるのにあり得ない」「監督不行き届きだ」「何のためにお金を払っていると思っているんだ」と言われるのが実態です。こうした事態を防ぐには、介護付き有料老人ホームのスキームで運営しなければならなくなります。そうしないと、入居者やその家族からの支持を得ることができないのです。

囲い込み・介護保険依存モデルの料金体系

住宅型有料老人ホームの料金体系について説明しましょう。料金は主に、家賃、管理費、食費、介護費用の自己負担分、生活支援費（ない場合もあり）、その他の料金に区分できます。家賃については、介護付き有料老人ホームと同様、入居一時金で将来分もまとめて払う方式と月

住宅型有料老人ホームの料金

入居一時金
ホームに入居するための初期費用。0円～1億円超と幅広い。

＋

月額利用料金
家賃、管理費、食費、水道光熱費など。入居一時金で家賃分を払っていればその分は安くなる。10万～100万円超と幅広い。

＋

介護費用（自己負担）
サービスを使った分だけかかる出来高料金。人によって大きく異なるが、区分支給限度基準額の満額（1割負担の場合、要介護1で約2万円、要介護3で約3万円、要介護5で約4万8000円）を取るのを「基本」とするホームもある。

＋

生活支援費
時間を区切られた介護ではケアしきれない隙間時間の介護や緊急対応を行うための費用。管理費などに含まれている場合もある。自立の人だけから請求したり、要介護度が上がると安くなることもある。

＋

その他の費用
ホーム内での電話代、介護保険対象外サービス、理美容費、おむつ代、おやつ代、医療費など。月5万～7万円が一般的。

額払い方式から選べるところが多くあります。安価なホームほど、まとまったお金を持っていないお客さんがターゲットですので、月額払い方式を基本としています。

介護付き有料老人ホームとの違いは、介護費用の自己負担分です。介護付き有料老人ホームでは介護費用が要介護度に応じて決まり、基本的にどの施設でも同じでした。住宅型有料老人ホームでは各入居者が受ける介護の量に応じてバラバラです。ただ、入居希望者には標準的な額を教え

タイプ1 低価格な住宅型有料老人ホーム

月額プラン

▷**入居一時金：0円**

▷**月額利用料金：11万5000円**
（家賃3万円、管理費1万5000円、食費4万円、生活支援費3万円）

▷**介護費用自己負担分：2万円（要介護1）**
3万円（要介護3）

ホームの特徴：
ヘルパーステーション、デイサービスを併設し、そこを使うことが入居条件。1時間2000円で介護保険外の支援あり。看護師は電話で駆けつけ。部屋は13㎡。

てくれるはずです。この標準額をどう設定しているかで、ホームの基本的な姿勢が分かるのです。

特徴的な2タイプの住宅型有料老人ホームの料金体系を見ながら解説していきましょう。

タイプ1は〝ほぼ〟介護付き有料老人ホームのような運営をしているホームです。あえて低価格で運営できているところをモデルにしました（上図）。このホームには、同じ会社が経営するヘルパー事業所とデイサービスが併設されており、基本的に入居者全員がこのサービスを利用することになっています。介護保険の自己負担分に注目してください。要介護1の区分支給限度基準額は月約20万円、要介護3は月約30万円（31ページ）ですが、その1割である月2万円、3万円を使うのが標準だとしています。つまり、介護保険を限度額までフルに使うということです。一方、タイプ2のホーム（左図）では限度額の3割程度しか使っていません。

タイプ1の話に戻ります。隙間時間の介護は、独自のパック料金である生活支援費で行います。月額の合計費用は13万～14万円。月15万円ぐらいかかるユニット型特養と同じレベルです。ホーム事業者の収入を考えると、介護費用を区分支給限度基準額の上限まで取っているところがポイントになります。自己負担が1割なので、大きな額には見えないのですが、実際はこの10倍の額が事業者の収入になっているために、家賃などを抑えることができているのです。ちなみに、ややこしいですが、要介護認定を受けていない自立の人にだけ「生活支援費」として3万～5万円ぐらいを請求するホームもあります。これは、自立の人を入居させても貴重な収入源である介護保険収入を得られないため、代わりに一定額を請求しているのです。

タイプ1のようなホームは、入居者を自社の介護サービスに囲い込んで限度額いっぱいの介護保険収入を確保するので、「囲い込み・介護保険依存モデル」と言われます。「すごく良い仕組みだ」と思われた方もいるのではないでしょうか。

確かに、頭の良い人が考えたすごい仕組みだとは思うのですが、介護保険制度の基本精神（298ページ）と逆行した側面がある以上、近い将来、破綻に追い込まれる可能性がある「危

タイプ2 高級な住宅型有料老人ホーム

入居一時金プラン

▷入居一時金：**3000万円**

▷月額利用料金：**24万円**
（家賃1万円、管理費18万円、食費5万円）

▷介護費用自己負担分：**6000円**（要介護1）
9000円（要介護3）

月額プラン

▷入居一時金：**0円**（敷金134万円）

▷月額利用料金：**90万円**
（家賃67万円、管理費18万円、食費5万円）

▷介護費用自己負担分：**6000円**（要介護1）
9000円（要介護3）

ホームの特徴：
生活支援など隙間時間の介護は管理費で行う。ヘルパーステーションを併設。日中は看護師が常駐。多彩なアクティビティをホームが企画。部屋は30㎡以上。

ういモデル」だということは注意しておいてほしいと思います。端的に言えば、3年おきに行われる国の介護保険制度の見直しで、役人のさじ加減一つでこのような仕組みでの運営ができなくなり、運営事業者が倒産・撤退するおそれもあるということです。

タイプ2は、自宅の延長として〝制度上、素直に作られた〟住宅型有料老人ホームをイメージしています。介護保険サービスは外部の事業者のものを利用しても構いませんし、自宅にいるときと同じで区分支給限度基準額の3割程度しか利用しなくても何も言われません。「自分でできることは自分でやる」という入居者だったり、家族が掃除などを手伝いにくるケースでは、介護保険サービスをほとんど使わなくても生活できるかもしれません。もちろん、介護の必要性が増せば、ケアマネジャーと相談してサービスを増やすことが可能です。入居者の生活相談や緊急対応などは管理費の中で行われるので、生活支援費は取っていません。

介護費用が安い代わりに、家賃や管理費は相応の額に設定されています。これらの不動産収入の部分だけでも十分に成立するように料金設定がなされているためです。

住宅型有料老人ホームの中でも両極端な2タイプをご覧いただきました。当然、世の中にはこの中間に入るパターンもあるわけですが、話を分かりやすくするためにこのまま2タイプの比較を続けたいと思います。

タイプ1とタイプ2の違いは介護費用の部分ですので、入居前にどちらのタイプか見極めたい場合は、ホームの営業担当者などに「このホームに入ったら、介護保険サービスを限度額のどれぐらいまで使うのが普通でしょうか?」と聞いてみてください。「8割以上」「9割以上」と言われたら、まずタイプ1です。「自宅にいるときに使っていた介護サービスをそのまま使うことはできますか?」と聞いてもいいでしょう。タイプ1、2とも「問題ない」と言うはず（そう言わないと法に触れるおそれがある）ですが、あれこれ理由を付けて自社のサービスを使わせようとする圧力を感じた場合は、タイプ1の可能性が高いと思われます。

格安ホームはなぜ昼間、部屋を追い出されるのか

違いは料金だけではありません。

もう一つ触れるべきポイントが入居者の生活の自由度です。36ページで、「特養や介護付き有料老人ホームでは、どちらかと言えば集団介護が行われており、住宅型有料老人ホームは自宅の延長なので自由度が高い」という趣旨の話をしましたが、この「自由度が高い住宅型有料老人ホーム」というのは、タイプ2のことです。

タイプ1のホームでは、人によっては特養や介護付き有料老人ホームよりも「自由度が低い」と感じるかもしれませんので、その説明をしましょう。

例えば、デイサービスが1階に併設された格安ホームがあるとします。このホームでは基本的に毎日、このデイサービスを使うことが入居者に義務付けられており、時間になると上のフロアから入居者が続々に降りてきて、決められた席に座らされます。デイサービスでは毎日のように〝楽しい〟レクリエーションが行われるのですが、さすがに飽きる人もいるでしょう。そういう人は「自室で1人でラジオでも聞きたい」と思うかもしれません。ただ、その要望はおそらくかなえられません。介護保険の決まりで、サービスの途中に抜けてはいけないからです。正確に言えば、途中抜けをすると事業者の収入が減る仕組みになっているので、日中、自分の部屋に帰ることをスタッフから許してもらえないのです。

皆さんは、デイサービスの風景を実際にご覧になったことがあるでしょうか。わいわいやっている集団から距離を置いている人が必ずいて、大抵、本を読んだり居眠りをしたりしています。もし、ここで挙げた例のような「毎日デイサービスを利用させられるホーム」への入居を検討する場合は、このような集団から離れた人への配慮もできているか確認してください。

なお通常、毎日デイサービスを利用しようとすると、介護保険の限度額を軽くオーバーします。それでもホーム側は毎日、入居者をデイサービスに集めます。本来、限度額をオーバーした人からは自費で料金を取りますが、こうしたホームでは限度額以上のお金は取りません。つまり、無料でデイサービスを提供している日もあるということです。

■ ホームの自由度は類型と人員体制で決まる

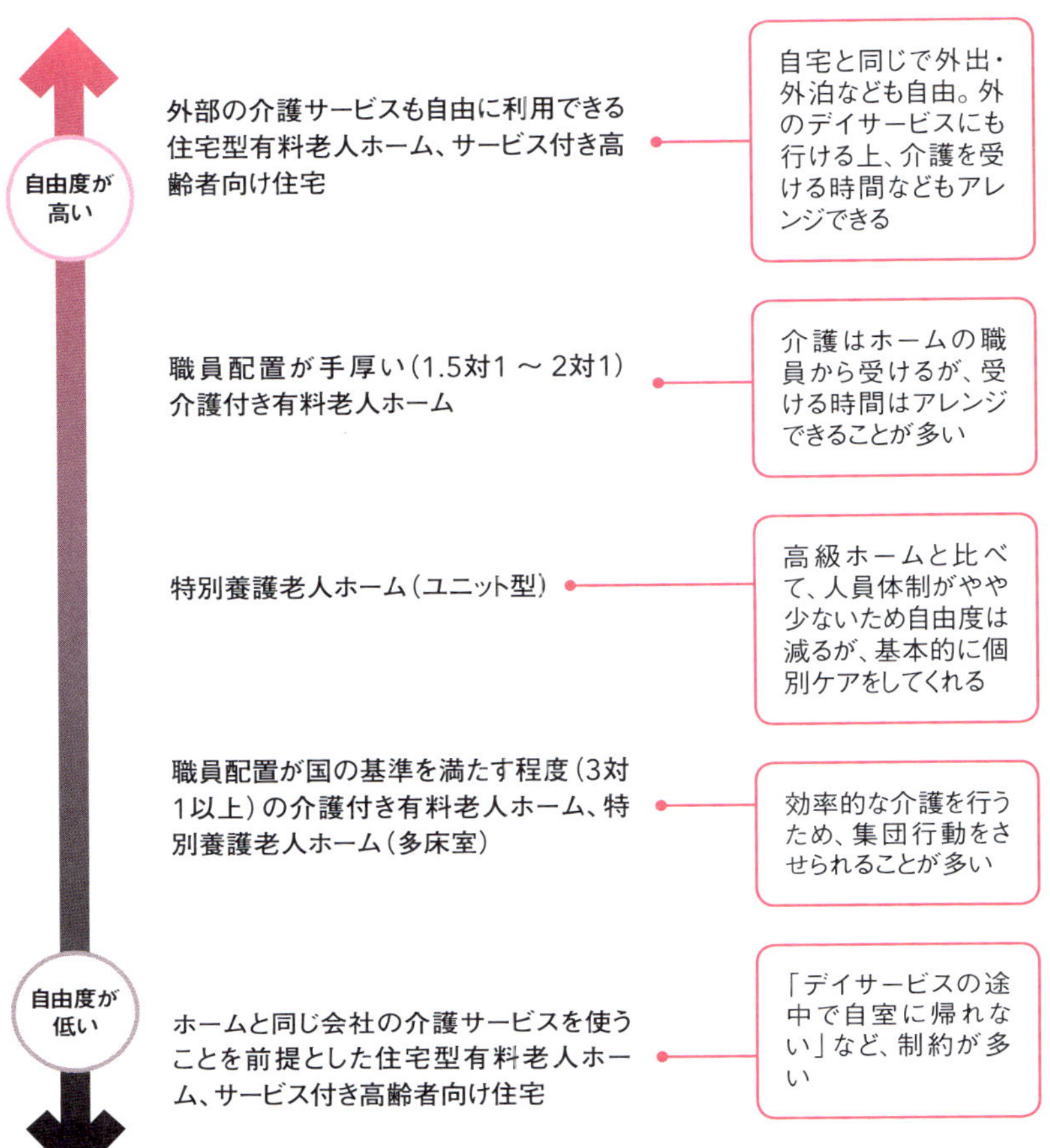

※本文で述べているように「自由度」は主観的なものだが、ここでは「受ける介護の内容を選択できるかどうか」という自由度の順で並べた

これには運営上の理由があります。一つは、入居者ごとにデイサービスを利用する日としない日を分けると、運用が面倒になるからです。また日中、入居者を大部屋に集めた方が少人数の職員で見守りをしやすいというメリットもあります。また入居者に大部屋にいてもらうことで、日中、居室の清掃を流れ作業的にできるという業務フロー上の都合もあります。

実はこれは、介護付き有料老人ホームでも同じことがいえます。職員配置が少ないホームほど、効率的に介護をしなくてはならないため、入居者に集団行動をさせるのです。介護付き有料老人ホームでも、職員配置が少ないところは、昼食の時間に全入居者を食堂に集め、その間に部屋の掃除を一気に済ますところが多くあります。それなりに職員配置が手厚いホームでないと、個別に食事時間を決めたり、部屋で食事できるサービスを受けられないということです。

高級ホームを「自由度が低い」と感じる富裕層

ちなみに「自由度」というのは、かなり主観的な感覚です。何をもって自由と思うかは、その人次第ですので、実は「高級だから自由だ」とは言い切れない側面もあることに注意していただきたいと思います。

例えば、入居者一人ひとりが好きな時間に好きなことができる超高級ホームがあるとします。各入居者にコンシェルジュ（と呼ばれる介護職）が付き、「今日は何をしましょうか?」「食事の時間はどうされますか？」などと聞いてきます。部屋で1人で休んでいると、職員が大した用もないのにやってきて、「ご気分はいかがですか」「お困りごとはありませんか」と聞いてきます。また、「お散歩しませんか？」などと、自室の外に連れ出そうと誘ってきます。当然、これには理由があります。高齢者が部屋に引きこもると要介護度が進みます。張り合いのある生活を送ることが健康維持にも直結するので、職員は良かれと思ってこうした行動を取っています。「頼むから1人にさせてくれ」と入居者が言ったとしましょう。すると高級ホームで働いているような真面目な職員はこう考えるはずです。「私のアプローチが悪かった。次は違う方法で誘い出してみよう」と。

「煩わしい」「放っておいてほしい」「息が苦しくなる」などと言って、こうした高級ホームを退居した富裕層を私はたくさん知っています。

一方、格安ホームでは日中、大広間に集められますが、そこでは何をしていても構いません。本を読んでいても、テレビを見ていてもいいのです。職員は忙しく働いているので、基本的にこちらから何も要求しなければ、放置されます。夜間の見回りの頻度も低いので、健康への影響はさておき、居室で隠れてお酒を飲むことだってできるかもしれません。

職員が少なくて集団行動を強いられることを「自由度が低い」とするのか、職員が多くて関与

タイプ3 **重度者向け住宅型有料老人ホーム**

月額プラン

▷**入居一時金：0円**

▷**月額利用料金：10万～12万円**
（家賃4万円、管理費5000円、食費4万5000円、生活支援費1万円[要介護5]～3万円[要介護1]）

▷**介護費用自己負担分：2万円（要介護1）～4万円（要介護5）**

ホームの特徴：
利用料金と介護費用の合計は、要介護度が変わっても一律14万円。20室と小規模で、ヘルパーステーションのみを併設。看護師は隣接病院から駆けつけ。

が手厚いことを「自由度が低い」とするのかは当人の感覚によります。ここでも、ホームの特徴を理解した上で、感覚が「合う・合わない」という尺度で判断していただければよいと思います。

重度者向けホームはこういう仕組み

住宅型有料老人ホームは様々な運営が可能です。ここからは特徴的な運営をしているところを紹介しましょう。

まずは「重度者向けホーム」です。タイプ3（上図）を見てください。20

室ぐらいの小規模なホームに訪問介護事業所だけ併設しているのが典型的です。寝たきりなどの重度者が多く、デイサービスを作っても通える人が少ないためにこうした作りになっており、ヘルパーサービスだけで介護保険の区分支給限度基準額いっぱいまで使うのを基本とするモデルです。

医療法人がこうしたホームを運営していることも結構あり、「病院を退院したいけど、自宅には帰れない」という患者の受け皿になっています。医療法人が運営するところは、あくまで退院先の確保が目的ですので、安価で運営されていることが多く、看護師がホームの職員兼施設長などの肩書で配置されている場合もあります。

がん末期・難病〝専門〟をうたうナーシングホーム

重度者向けホームの進化版が、いわゆる「ナーシングホーム」という施設です。特徴は「がん末期」と「難病（パーキンソン病関連疾患、エイズ、進行性筋ジストロフィー症、スモン、重症筋無力症など）」の患者、もしくは人工呼吸器の管理、褥瘡（じょくそう）ケアなどの医療的ケアが必要な人を専門に受け入れていることです。これらの人に対しては、介護保険ではなく医療保険で週に何回もの訪問看護を提供できるため、訪問介護に加えて訪問看護のサービスも手厚く入ることになります。

ちなみにホームの経営面から話をすれば、これらの「がん末期」「難病」の患者は、介護保険収入と医療保険収入の両取りができることから、顧客単価が非常に高いのが特徴です。ただ、これらの患者には手厚いケアをしないといけないので、相応の人員も確保してホームを運営する必要があります。いわゆる高コスト・高収入モデルのホームなのです。

なお、ナーシングホームという名称は、制度上の決まりがない単なる通称です。看護師を多めに配置した介護付き有料老人ホームや、看護師が施設長のホームが名乗っている場合もありますが、本書でのナーシングホームは「がん末期・難病の受け入れ専門」をうたっているところとしています。こうしたホームは「ホスピス」などと名乗っていることもあります。

ナーシングホームでは、長期間の入居が想定されていません。入居者が最期のときを穏やかに過ごすための場所という位置づけです。料金プランを見ても、入居一時金の設定はなく、月額プランしかありません(タイプ4、左上図)。

介護保険は当然、限度額いっぱいまで使い、さらに医療保険による訪問看護も入るので医療費も無視できません。ただ、ホームの医療費に関しては国の高額療養費制度(左下図)を使えば、最大でも月25万円(年収約1160万円以上の人)ほどと青天井ではありません。収入が年金プラスアルファ程度の人なら、月1万8000円が上限となります。

タイプ4 ナーシングホーム

月額プラン

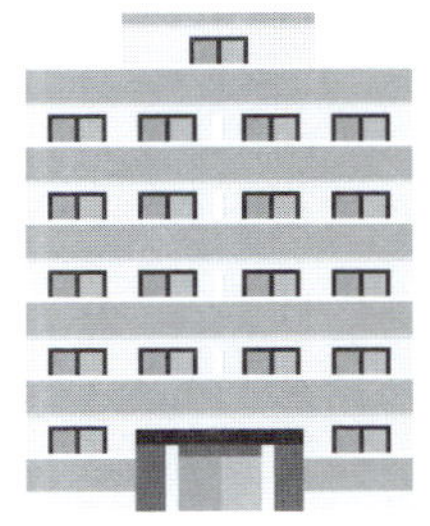

▷入居一時金：**0円**（預かり金12万円）

▷月額利用料金：**12万円**
（家賃6万円、管理費4万円、
食費は別途、生活支援費2万円）

▷介護費用自己負担分：**2万円**（要介護1）
～**4万円**（要介護5）

▷医療費自己負担分：**1万8000円**

ホームの特徴：
難病・がん末期・医療依存度の高い人のみを受け入れ。食事は配食サービスを利用。ヘルパーステーションと訪問看護ステーションを併設。部屋は13㎡。

■ 高額療養費制度による医療費の上限
（70歳以上、外来・在宅医療［ホームでの医療提供］の場合）

年収	月の上限額
約1160万円～	約25万円
約770万円～約1160万円	約17万円
約370万円～約770万円	約8万円
156万円～約370万円	1万8000円
住民税非課税	8000円

その他にもある「老人ホーム」の選択肢

サービス付き高齢者向け住宅とは何か

2011年にサービス付き高齢者向け住宅が登場してから、老人ホームの類型はさらにややこしくなりました。正直言って、違いを簡潔に説明するのは不可能です。ですので、深く考える必要がないという人は、以下のことだけ頭に入れておいてください。

サービス付き高齢者向け住宅は、住宅型有料老人ホームとほとんど同じです。

サービス付き高齢者向け住宅には、先ほどのチャプターで述べた住宅型有料老人ホームに関する説明が全て当てはまります。実際に、世の中の多くのサービス付き高齢者向け住宅は、住宅型有料老人ホームと同様、〝ほぼ〟介護付き有料老人ホームのように運営されています。

ここで説明を終わりにすることもできますが、「じゃあ、サービス付き高齢者向け住宅の存在意義は何か？」という疑問を持たれた方のために話を続けます。

まず、制度上の違いは確かにあります。有料老人ホームの監督官庁は厚生労働省で、サービス付き高齢者向け住宅を管轄するのは国土交通省です。有料老人ホームは「利用権」、サービス付き高齢者向け住宅は建物の「賃貸借契約」と、生活支援サービスの利用契約というように、契約形態も違います（詳しくは2章184ページ）。サービス付き高齢者向け住宅では入居一時金の設定はありません。賃貸住宅のように敷金を請求されます。

しかし、これらの違いはそれほど重要ではありません。サービス付き高齢者向け住宅と他の施設との最も重要な違い、それは「生活相談員」が配置されていることだと私は考えています。

そして、多くのサービス付き高齢者向け住宅が他の老人ホームと同じようになっている最大の理由は、この生活相談員を軽視していることにあると考えます。この生活相談員というのは国家資格が不要です。なので、多くの施設がコストの安いパートタイマーの職員にその役割を任せていて、結果的にあまり入居者の役に立っていないのが実態です。

本来、サービス付き高齢者向け住宅というのは、一人暮らしの高齢者が安心して暮らせる場所を提供するのが存在意義です。そのためには生活相談員が何をしてくれるのがよいのか、考えてみてください。生活をする上で生じる不安や心配事に対して適切な助言をしてくれる人、医療や介護、税務、相続、金融、もっと言えばネット環境の整備や家電の購入など、様々なことを助けてくれる人がいれば、安心感のある生活を送れるのではないでしょうか。

増えてきたアクティブシニア向けマンション

こうした内容を踏まえると、最近、増えてきたアクティブシニア向けマンションは、サービス付き高齢者向け住宅のあるべき姿の一つではないかと感じています。

アクティブシニア向けマンションとは、将来、介護が必要になったときでも安心して生活できるような設備が整った、健康なうちから住み替えることを想定した集合住宅です。中で働く生活相談員は、高級マンションのコンシェルジュのような役割を担っており、クリーニングや旅行の手配、地域情報の提供などをしてくれます。見守りセンサーや緊急通報装置などは最初から部屋内に備え付けられているところが一般的です。

皆さんはかつて、「日本版ＣＣＲＣ」という言葉をお聞きになったことはないでしょうか。

このＣＣＲＣというのは、元は米国の概念です。米国にはリタイアした人が第二の人生を過ごすための集落（共同体）があり、介護などのサービスが充実しているために周囲から高齢者が移住してきます。この発想を日本に持ち込んだのが、日本版ＣＣＲＣです。都心部（特に東京）の高齢者を都市近郊部（千葉、埼玉、神奈川の都市部）に元気なうちから移住させ、高齢者が安心して暮らせる街づくりも併せて行うという、地方創生の意味も込められたコンセプトでした。

その中心にあったのが、アクティブシニア向けマンションです。ただ面白いものでこの

ＣＣＲＣという発想、日本ではあまり浸透しませんでした。２０１５年ごろから、介護系企業が実験的にこうしたホームを作り始めたものの、元気な高齢者が集まらないために結局、要介護者を中心に入居させるようになった事例もあります。米国のように移住を繰り返してきた民族と、地域に根ざしてきた日本人の国民性の違いなのでしょうか。

ただ最近、大手不動産業者が本腰を入れて、やや高級なアクティブシニア向けマンションを建てています。「日本版ＣＣＲＣ」みたいに大きく振りかぶるのではなく、例えば近隣で家族向けの分譲マンションに住んでいる人に対して、「子どもが独立したら、もっとコンパクトで便利なところに引っ越しませんか」といったアプローチをしているのです。引っ越しの距離が短ければ、心理的な抵抗も少ないのでしょう。入居者を順調に獲得している物件もあるようです。

次ページに料金の一例を示します。サービス付き高齢者向け住宅に自立の人が入居するとして、都市部近郊にある平均的な物件では、介護費用がかかっていない状態で月20万～30万円から入居できます。サービス付き高齢者向け住宅は60歳からしか入れませんが、通常の分譲マンションとして売られている場合は年齢制限はありません。「入居時自立型」の介護付き有料老人ホームとして運営されているところもあります。類型で探すのではなく、「アクティブシニア住宅」などのワードでネット検索する方が見つかりやすいでしょう。

アクティブシニア向けマンションの大きな特徴は、「将来、介護が必要になっても安心」とい

■ アクティブシニア向けマンションの料金例
（サービス付き高齢者向け住宅に自立の人が入る場合）

▷**敷金：家賃3カ月分**

▷**月額利用料金：19万～35万円**
（家賃8万～24万円、管理費5万円、サービス費6万円）

▷**食費：4万円**
（毎日3食、食堂で食べた場合）

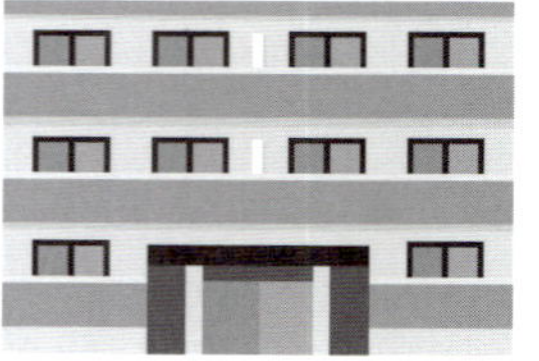

ホームの特徴：
部屋は20～30㎡。10分500円で、コンシェルジュによるお助けサービスあり。見守り、安否確認サービスなどは料金に含まれている。

う要素です。建物は基本的にバリアフリーで、見守りセンサーなども導入しやすい作りになっています。また、簡単な介護であれば、近くのヘルパーステーションから訪問介護が入ります。すぐ隣の建物や、フロアを分けて「介護棟」を用意しているホームもあります。認知症になったり頻回の介護が必要になってきたら、追加料金なくそこに引っ越せるという仕組みです。

こんなことも知っておくとよいでしょう。アクティブシニア向けマンションの「介護棟」というのは、入居者募集の際にアピールポイントになります。「いざとなったら手厚い介護を受けられる」という安心材料になるからです。ただ、アクティブシニア向けマンションの入居者がいざ認知症になったり介護が必要になってきたりしたときは、この入居者が介護棟に入るのを断固拒否する事態が頻繁に発生します。多くは、家族も一緒になって介護棟への移住を阻止します。どう見ても認知症なのに、「うちの父は認知症ではありません」などと言い出すのです。

この現象は簡単に説明できます。アクティブシニア向けマンションで暮らす自立の人たちは、日頃から介護棟の住人を見て、多かれ少なかれ優越感に浸っています。事実、介護棟で暮らす人を指差して「あんな風にならないように」と口にする自立の高齢者はたくさんいます。介護棟に行くのは彼らにとって〝都落ち〟です。家族にとっても、尊敬する父や母が気落ちする姿は見たくないはずです。実際、こうした施設の介護棟はガラガラなことがほとんどです。

本来、介護棟に移動すべき人でも、外から訪問介護を受ければ現実的には何とか暮らせます。しかし、そういう人が増えるとアクティブシニア向けマンションがどんどん普通の老人ホームのようになっていきます。すると、こうした施設の売りである「元気な高齢者同士のサークル活動などのコミュニティー」が、だんだん普通のデイサービスのような要介護高齢者の集まりになります。賢明な皆さんは、もうお分かりでしょう。アクティブシニア向けマンションは住人の新陳代謝が起きにくく、出口戦略が見えづらいモデルなのです。もちろん、中の住人は周りと一緒に年老いていくので「入ってしまえば問題ない」という見方もできます。

話をまとめると、アクティブシニア向けマンションを探す際はミスマッチを防ぐため、「入居者は、どれぐらいの世代・自立度なのか」ということを確認する必要があるということです。

グループホームは少人数のユニットケア

ここからは、その他の老人ホームを紹介していきましょう。

まず、認知症高齢者グループホームは、入居者最大9人を1ユニットとして、同じ職員が少人数に対するケアを行うのが特徴です。いつも顔なじみの職員が介護をしてくれ、助け合いながら家庭的な雰囲気の中で過ごせることから、認知症の患者に向いているとされています。

ただ、「認知症の人はグループホームしかない」というのは誤解です。本書で紹介しているいわゆる老人ホームには、認知症の人が必ずいます。先ほど述べたアクティブシニア向けマンションにだって認知症の人は一定数います。特別養護老人ホームでは、認知症じゃない人を探す方が難しいくらいです。つまり、介護をうたう施設であれば、認知症のケアは必ずできます。「認知症だからグループホーム一択」ではありません。もちろん、突き詰めれば認知症対応のやり方は各施設で異なっています。ただそれは、流儀・流派の違いに過ぎません。

グループホームの居室面積は7・43㎡以上で、共用設備として食堂兼リビングがあります。日中は基本的に皆、リビングに出てきて過ごすことになりますので、グループホームに合うかどうかは「集団生活ができるかどうか」、この1点につきます。なので、認知症の周辺症状

■ グループホームの一般的な間取り

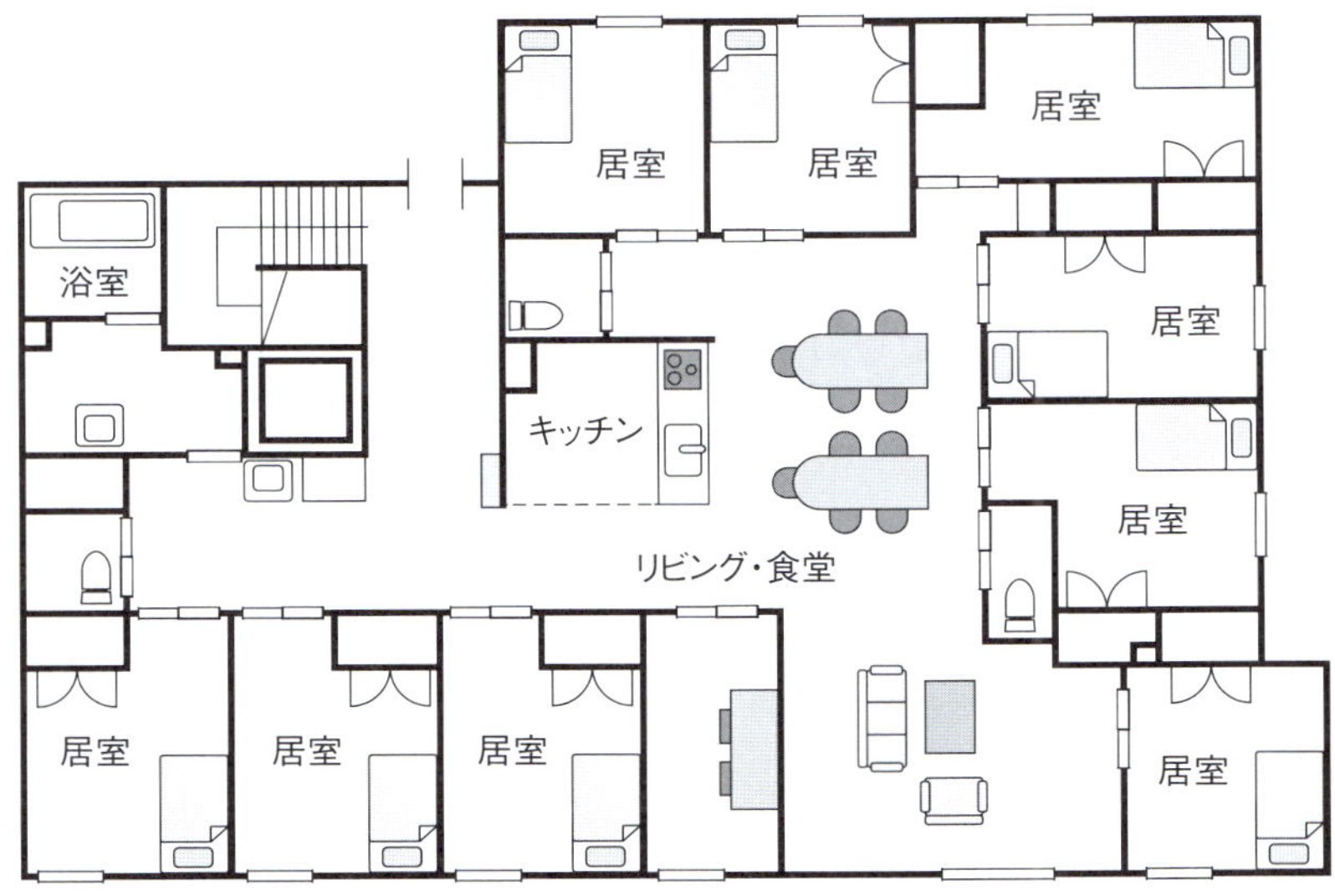
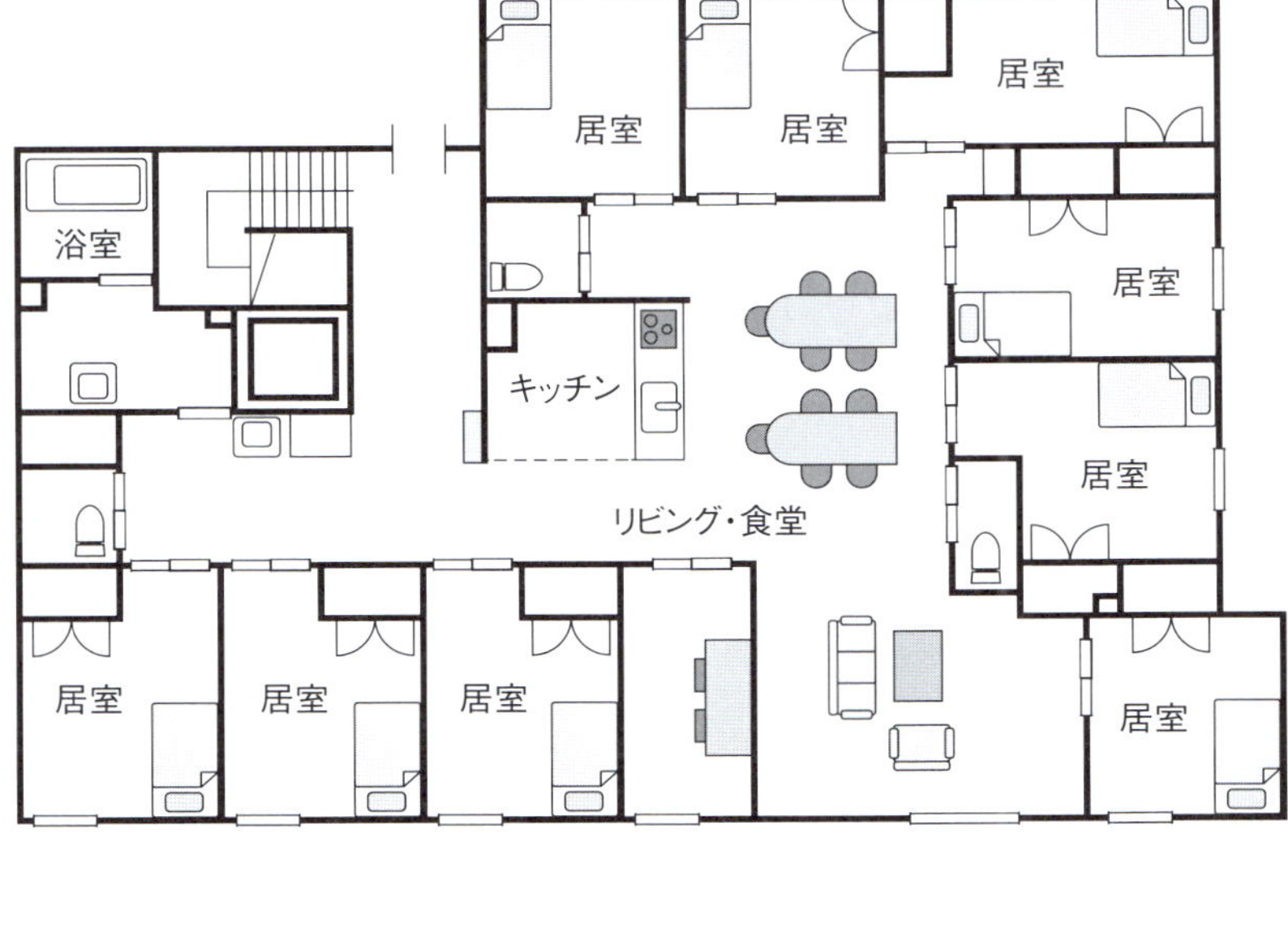

■ グループホームの料金例

▷入居一時金：**30万円**

▷月額利用料金：**13万円**
（家賃6万円、管理費2万5000円、食費4万5000円）

▷介護費用自己負担分：**2万7000円**
（要介護1）

ホームの特徴：
部屋は8㎡。職員配置は3対1。看護師は週1回、訪問看護ステーションから派遣され、体調管理を行う。

（BPSD）として暴力や介護拒否が悪化すると、退居しなくてはならないことがあります。また、看護師が常駐していない施設が多いので、医療処置には対応していません。

入居の際は、入居一時金などの初期費用が最大で数百万円かかることがあります。入居後の月額費用は、介護費用の自己負担分、家賃、管理費、食費などで、合計すると地方では月額10万～20万円程度、都会では月額15万～30万円程度です。居室が狭いため、家賃は有料老人ホームより安い傾向にあります。このほか、おむつ代や理美容代などを別途負担します。

入居の条件は65歳以上、要支援2または要介護1～5の認知症患者です。また、グループホームは、「地域密着型サービス」という各自治体が主体となって行う事業ですので、施設と同一地域内に住居と住民票があることが求められます。

小規模多機能、定期巡回を組み合わせたホームも

自宅に住んでいる人向けにパック料金で介護を行うサービスもあります。それが、「小規模多機能型居宅介護」「看護小規模多機能型居宅介護」「定期巡回・随時対応型訪問介護看護」の3サービスです。

小規模多機能型居宅介護は「訪問介護」「通所介護」「ショートステイ」の3種類を同じ事業所

が一体的に行うもので、かなり自由度が高いサービスだと思ってください。看護小規模多機能型居宅介護はさらに「訪問看護」も加わった〝全部乗せ〟サービスです。定期巡回・随時対応型訪問介護看護は、「訪問介護」「訪問看護」「夜間の訪問介護」をパック料金で受けられます。

住宅型有料老人ホームやサービス付き高齢者向け住宅に入居した上で、これらの3サービスを受けると、あたかも介護付き有料老人ホームのようなパック料金による包括的な介護を受けることができます。介護費用の自己負担分は、介護付き有料老人ホームとほぼ同じか、数千円高いぐらいです。ホームにこれら3サービスを提供する事業所を併設している場合は、入居者向けにサービスを行っている可能性が高いので、問い合わせてみましょう。これらのサービスも地域密着型サービスですので、施設と同一地域内に住居・住民票があることが必要です。

低所得者にはケアハウスという選択肢も

ケアハウス（軽費老人ホーム）とは、経済状況や身寄りがないなどで自宅に住み続けられなくなった高齢者に食事や安否確認などが提供される住まいです。所得に応じて料金が決まり、低所得の人でも安心して住める半ば公的な施設です。東京や大阪などでは「都市型軽費老人ホーム」といって、居室が本来の基準より狭い施設も登場しています。

ケアハウスには「一般型」と「特定施設」の2種類があります。一般型は原則、自立の人が入居し、食事や掃除・洗濯などの生活支援サービスを受けられます。介護が必要になってきたら自宅のように外部の介護サービスを受けられます。ただ、重度になると対応できなくなるので、特養などに住み替える必要があります。一方、「特定施設」は介護付き有料老人ホームのようにパック料金で介護を受けることができ、重度でも対応してくれるところが一般的です。

月額利用料金は、所得にもよりますが一般型（自立の人）が6万円から15万円です。特定施設はやや高くなり、介護費用の自己負担分（1割）を入れると10万～20万円です。このほかに初期費用として入居一時金（もしくは敷金）が0～100万円程度かかります。

入居の申し込みは基本的に各施設で直接行いますが、一部、自治体を通じて申し込まないといけないところもあります。家庭環境や資産・収入、共同生活が送れるかなどの指標で入居の可否・優先度が判断されます。

最後に本章で挙げた老人ホームの特徴と料金、申込先の表を示します。一口に老人ホームと言っても様々です。とても詳細な部分まで覚えることはできませんし、私だって本当に全てのカテゴリーを正確に理解できているかどうか、正直、自信はありません。この章は、皆さんに各カテゴリーについて細かく覚えてもらうためではなく、世の中には、性質の異なる多くの老人ホームがあり、それぞれ違った論理の中で動いているということを理解してもらいたくてまとめました。本書の目的は数多くあるホームの中から、皆さんの親御さんに一番合ったところ

■老人ホームの各類型と料金、申込先、入居条件

類型	初期費用	月額利用料	申込先	入居条件
特別養護老人ホーム（多床室）	0円	3万〜10万円	主に自治体が窓口	65歳以上、要介護3以上
特別養護老人ホーム（ユニット型）	0円	5万〜15万円	主に自治体が窓口	65歳以上、要介護3以上
介護付き有料老人ホーム	0〜1億数千万円	10万〜100万円超	施設に直接	60歳以上（介護保険は65歳以上）、自立から
住宅型有料老人ホーム	0〜1億数千万円	10万〜100万円超	施設に直接	60歳以上（介護保険は65歳以上）、自立から
ナーシングホーム（有料老人ホーム）	0円	13万〜25万円	施設に直接	65歳以上、がん末期・難病、人工呼吸器など
サービス付き高齢者向け住宅	0〜数百万円（主に敷金）	10万〜100万円	施設に直接	60歳以上（介護保険は65歳以上）、自立から
アクティブシニア向けマンション（分譲の場合）	数千万円〜1億数千万円	10万〜30万円	施設に直接	年齢制限なし（サ高住は60歳以上）、自立
グループホーム	0〜100万円	10万〜30万円	施設に直接	65歳以上、要支援2以上、認知症
ケアハウス（軽費老人ホーム）	0〜100万円	6万〜20万円	施設に直接、もしくは自治体	60歳以上（介護保険は65歳以上）、自立から
介護老人保健施設	0円	7万〜25万円	施設に直接か医療機関からの紹介	65歳以上、要介護1以上
介護医療院	0円	7万〜25万円	医療機関からの紹介が多い	65歳以上、要介護1以上

介護老人保健施設と介護医療院については、この後の本文で解説する

を選んでもらうことです。本章で老人ホームの世界の奥行きを感じていただいたところで、2章で探し方を論じていきたいと思います。

自宅と「短期間の宿泊サービス」でしのぐ選択

ここからは、「老人ホームの探し方」の本としてはやや補足的な内容で、「本当にホームに入る必要があるのか」といったことについて考えてみたいと思います。自宅を活用しながら、各種介護サービスを使って生活を続ける選択肢です。そこでまず候補に挙がるのが、短期間宿泊できるサービスです。家族が介護を休みたい期間や、病状が悪化したときだけ自宅以外で過ごすことができれば、基本的には自宅にいてもいいという家庭もあるでしょう。

ショートステイは、ショートステイの専門施設のほか、既存の老人ホームや特別養護老人ホーム、介護老人保健施設などに数日～30日間入居できるサービスです。料金は1日数千～1万円ほどです。窓口は担当のケアマネジャーさんですので、事情を相談した上で、空いている施設から候補を提示してもらうとよいでしょう。

ショートステイと使い方がやや似ているのが、通称「お泊まりデイ」というサービスです。これはデイサービスを利用する前後の日に、デイサービスの建物の中で宿泊できるというものです。以前は、大広間に高齢者を雑魚寝させるといった、劣悪な環境で宿泊させる施設がありましたが、今は、こうした事業所は自治体に届け出る必要があるので、それほどひどい状況ではないはずです。ただ、個室ではなくパーテーションで区切られただけの空間で寝るなどの場合があるので、事前にケアマネジャーさんから状況を聞いておくといいでしょう。利用料金は宿泊や食事込みで1泊3000～5000円程度です。

介護老人保健施設（老健施設）は主に病状が悪化し、医療ニーズが高まった場合に受け入れてくれる介護施設です。自宅に復帰することが前提ですので、入所して治療を受けつつ3～6カ月で自宅に戻るか、他の施設に引っ越さないといけません。料金は月7万～25万円で所得状況や多床室・個室によって前後します。

介護医療院は、ほぼ病院並みの医師・看護師がいる介護施設で、医療ニーズが必要な人が長期間入院する場所です。単体で存在することは少なく、大抵は病院に併設されています。料金は老健施設と同様、所得状況や多床室・個室に応じて月7万～25万円です。

自宅と地域密着型サービスの組み合わせも

76ページでは、「小規模多機能型居宅介護」「看護小規模多機能型居宅介護」「定期巡回・随時対応型訪問介護看護」の3サービスを住宅型有料老人ホームなどに引っ越した上で利用するケースを説明しました。これら3サービスは、時間を区切って出来高料金で介護を行うのではなく、パック料金の中で様々なサービスを柔軟に行えるという共通点があります。

これらの3サービスを自宅にいながら受けるという選択肢もあります（本来はその目的でつくられたサービスです）。パック料金ですので、原理的には、自宅にいながら介護付き有料老人ホームのような柔軟な介護を受けることも可能なのです。介護事業者の中には、自費の家事支援サービスなどと一緒に提供しているところもあるので、検討の余地があるでしょう。ただ、ヘルパーの事業所と自宅の距離が離れている場合は、どうしても隙間時間の介護がおろそかになりがちです。これら3サービスは、自宅にいる家族も介護に参加するという前提で整備されたものですので、「老人ホームのように、基本的な日常のお世話を全て任せられるわけではない」ということは、意識しておく必要があります。

「本当に老人ホームへの入居が必要か」という検討を行う際は、同居している家族がどれだけサポートできるかといった点が重要な要素になります。介護サービスと家族のサポートをどう組み合わせたら自宅生活を継続できるのかといったことは、ケアマネジャーの専門分野ですので、大いに相談すべきでしょう。

第2章

2 親に合うホームはどう探す?

chapter 1

オリジナル「ホーム一覧表」の作り方

2章では、老人ホームを探す実際の手順について述べます。老人ホームを探す際、多くの方々にとって無視できないのは、何といってもお金のことでしょう。ここで2つの質問をします。

- **希望するサービスが備わった老人ホームはいくらぐらいかかるかご存じですか**
- **親御さんの今の老後資金を考えると、老人ホームにいくら出せるかご存じですか**

頭の中で「どれぐらいかかる?」「どれぐらい出せる?」という2つの指標がある程度固まっていないと、老人ホームを探す際に不必要に気持ちが揺らぎ、混乱します。2章の前半では、この1つ目「希望する老人ホームはどれぐらいかかるのか」という感覚を持つこと、言い換えれば相場観を養うためのプロセスを紹介します。その上で、ホームの価格を見ながら、「本当に必要なサービスはどれなのか」と取捨選択し、候補を絞り込んでいく方法を述べていきます。

親や自分自身の老後資金から計算した「老人ホームに出せるお金」の考え方や、老後の資産管理に使えるお金の制度については、次の第3章で詳しく述べます。

老人ホームは いくらかかる？

- ▷ 探しているエリアに、どんな老人ホームがあるか
- ▷ それぞれのホームの料金はいくらか
- ▷ 料金の違いを生んでいるサービスの違いは何か
- ▷ そもそもどんなサービスが必要なのか。譲れないニーズは何か

老人ホームに いくら出せる？

- ▷ 親にかけられるお金と、自分の老後資金の考え方
- ▷ 介護・医療費は統計的にどれぐらいかかるのか
- ▷ 何年先まで考えて計画したらいい？
- ▷ 老後の資産管理に使えるお金の制度

Step 1 特定地域のホームをリストアップする

相場観を養い、ニーズを洗い出す際にやるべきこととして、私はオリジナル「老人ホーム一覧表」の作成を推奨しています。ノートにまとめたり、エクセルなどの表計算ソフトでリストアップするといいでしょう。世の中には、数々のホーム一覧があふれていますが、私は、ご自身によるリストアップを推奨しています。

最初にやることは、入居希望エリアの選定です。難しいことは考えずに、希望するエリアを選んでください。後々、入居にかかる費用と予算を比較して、折り合いがつかない場合に「エリアを変える」という選択肢が出てきますが、それはもっと検討を深めてからの話です。まずは親御さんの自宅近くなど、なじみ深い場所にするとよいでしょう。

次に、そのエリアの老人ホームをリストアップします。第1章で老人ホームの様々な類型について解説しましたが、最初はできるだけ、これらの全ての類型に網をかけて探しましょう。もちろん、要介護3以上でないと入所できない特別養護老人ホームのように、親御さんの状態によっては確実に入れない施設については、この段階で除外しても構いません。都市部の場合、例えば自宅の周辺5キロメートルで検索するだけで複数のホームが見つかるはずです。

リストアップをする作業では、今の時代、インターネットを活用するのが一般的でしょう。老人ホームを検索できるウェブサイトは、次の4つに分けられます。

① 老人ホーム紹介会社の検索サイト

② 老人ホーム運営会社の検索サイト

③ 業界団体系の検索サイト

④ 国や自治体が作った公的な検索サイト

普通に検索すると、最も多くヒットするのが①のサイトでしょう。地域や値段などから検索できる便利なサイトを様々な業者が作っています。欠点は、特養や老健施設などの公的な側面の強い施設が掲載されていない場合があることです。特養などの情報を積極的に得たいのであ

■ オリジナル「ホーム一覧表」の完成見本

Aホーム

(株)○○
介護付き有料老人ホーム
1.5対1
○駅からバス10分
月額 45万6000円
手厚い職員配置、24時間看護師、
大浴場が充実

<備考>
・コンシェルジュサービス
・食事にこだわり
・年2回旅行プランあり
・おむつ代などは無料
・入浴は週4回まで無料

特別養護老人ホームB苑

社会福祉法人○○会
特別養護老人ホーム
ユニット型
○駅から徒歩20分
月額 15万5000円

<備考>
・看取り実績多数
・地域住民とお祭り

Cホーム

(株)△△
住宅型有料老人ホーム＋小規模多機能型
居宅介護
――
○駅からバス15分
月額 20万3000円
広い居室面積

<備考>
・住宅型だけどパック料金
・自立支援を重視
・個室浴槽がヒノキ風呂

Dホーム

□□(株)
サービス付き高齢者向け住宅＋訪問介護
――
○駅から徒歩5分
月額 30万3000円(敷金60万円)
アクセス良好、リハビリ職員あり

<備考>
・食事にこだわり
・リハビリルームあり
・入居者によるサークル活動や
アクティビティーが充実
・夫婦部屋あり

上から、「名称」「運営母体」「類型」「職員配置数」「立地」「月額利用料金」「特徴」。横に「備考」を記載したれば、後述する④のサイトを併せて使うか、自治体がリストアップした冊子などを参照してください。

②は老人ホームを全国展開している大手企業が作っているサイトです。このサイトで検索できるのは、その企業が運営する物件だけですので、地域のホームを手広くリストアップする作業には向いていません。

③は全国有料老人ホーム協会の「登録ホームを探す」というページや、高齢者住宅協会が運営する「サービス付き高齢者向け住宅情報提供システム」などが挙げられます。情報の信頼性が高く、全国有料老人ホーム協会のサイトでは後述する「重要事項説明書」を入手することも可能です。ただ、全国有料老人ホーム協会のサイトにはサービス付き高齢者向け住宅の情報がなかったり、逆に、サービス付き高齢者向け住宅情報提供システムには有料老人ホームの情報が載っていないなど、すべての「住まい」が統合された情報ではないので、注意が必要です。

④の公的な検索サイトとしては、厚労省が運営している「介護サービス情報公表システム」というものがあります。ただ、このサイトは住宅型有料老人ホームを探せない（介護事業所としてホームに併設された訪問介護事業所を検索することはできるが、老人ホームの情報は出てこない）という大きな欠点があるほか、サービス付き高齢者向け住宅は別途、改めて検索する必要があるなど、かなり使いにくいので、あまりお勧めしません。むしろこのサイトは、掲載情報が整理されていて信頼性が高いという長所があるので、この後、最終候補を絞った段階で、各

■公的な検索サイト「介護サービス情報公表システム」のトップページ

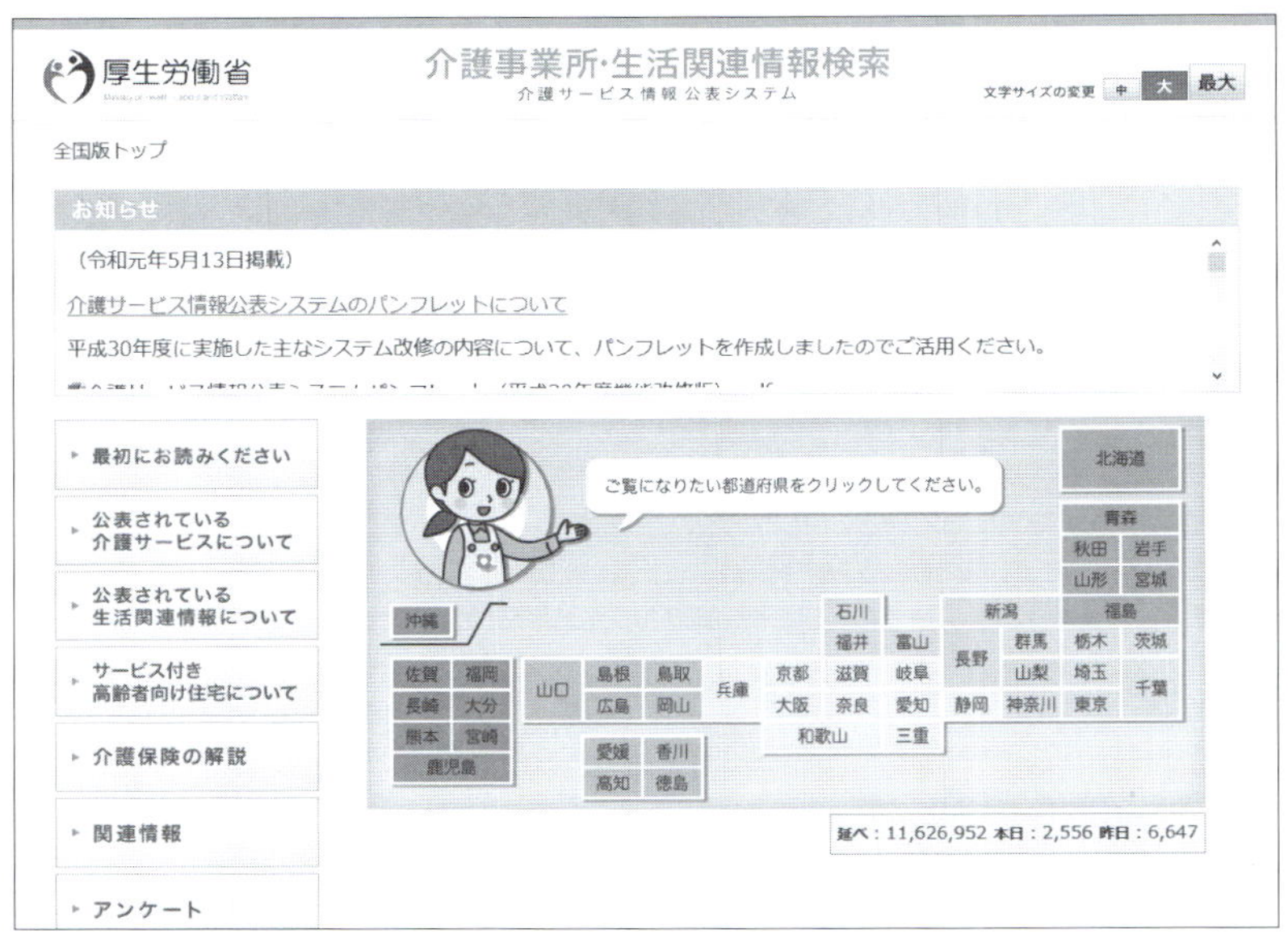

ホームの詳細情報を入手するときに使えるサイトです。

使い勝手の面からいえば、やはり①の民間のウェブサイトが優れています。しかし、情報の信頼性を担保する必要がありますし、1つのサイトに全てのホームが載っているわけではないので、複数の検索サイトで探すと見逃しが減るでしょう。

ただし、この手の民間のウェブサイトはやたらと個人情報の登録を求めてくるため、その点は注意しましょう。何も考えずに複数のサイトで資料請求をした結果、入居勧誘の電話やダイレクトメールなどが殺到してしまう人もいます。

Step 2
「運営母体」「類型」を書き込む

エリアにあるホームをリストアップしたら、一覧表に老人ホームの名称を書いていきます。多店舗展開をしている大手企業の場合、ブランド別や価格帯別に少しだけ名前を変えているケースがあるので気を付けてください。同時に当該ホームの運営母体を記します。企業名の場合もあれば、社会福祉法人、医療法人などの場合もあるでしょう。

次に調べるのはホームの「類型」です。第1章で紹介した特養、介護付き有料老人ホーム、住宅型有料老人ホーム、サービス付き高齢者向け住宅、グループホーム、ケアハウスなどです。老人ホーム紹介サイトや運営会社のサイトなどを利用して、何に該当するかを判別してください。迷う部分があるとすれば、「特定施設入居者生活介護」の事業所として認可を受けた介護付き有料老人ホームなのか、それとも住宅型有料老人ホームやサービス付き高齢者向け住宅なのかというところでしょう（詳しくは28ページ）。「介護対応ホーム」などの言葉に惑わされず、「特定施設」や「介護付き」という言葉があれば、介護付き有料老人ホームで間違いありません。

注意していただきたいのは、「特定施設入居者生活介護（※指定申請予定）」という文言です。

新築のホームなどでこれから申請し、自治体にも根回し済みで本当に指定されるであろう「指定申請予定」もあれば、一度申請したものの、介護付き有料老人ホームの総量規制に引っかかって指定されず、今後も指定されなさそうだけど一応予定しておくかというレベルの「指定申請予定」の2種類があるのです。前者か後者かの見極めは通常無理ですので、納得いくまでホームの担当者に聞く必要があります。

加えて、まれに「これは何の類型だ?」と迷う施設も出てきます。中には実質、有料老人ホームとして運営されているのに、届け出を自治体に出さずに賃貸マンション扱いで運営されているいわゆる「無届けホーム」もあります(これが必ず悪いわけではありません。高齢者シェアハウスなどが低所得者向けのセーフティーネットになっている現実もあります)。分からない場合は「不明」と書いておき、絞り込みの際にホームの担当者などに聞くとよいでしょう。

Step 3
「職員配置数」「立地の詳細」を書き込む

次に職員配置数を記します。介護付き有料老人ホームでは職員配置数として「3対1」「2・5対1」などの表記がどこかにあるはずです。これは入居者3人当たり職員1人、入居者2・5人当たり職員1人などの割合を指します。国が決めた最低基準は「3対1」ですが、高級ホームになると「1・5対1」というところも存在します。また、住宅型有料老人ホーム、サービス付き高齢者向け住宅の場合、職員配置の義務付けはないので空欄のままで構いません。特養では、ここに「ユニット型」か「多床室」かを書きましょう。特養の最低基準も3対1ですが、ユニット型の場合は実質的に2対1、多床室では2・5対1ぐらいで運営されています。

後は、立地の詳細です。家族が面会に行きやすいかどうかという観点から、都市部の場合は、最寄り駅の記載とそこからの所要時間、地方では高速道路の出口からの距離や字名の記載などで、どんな立地にあるのか把握できるようにします。

Step 4 利用料金を月額換算する

ホーム名、運営者名、類型、職員配置、立地詳細のリストが完成したら、いよいよ毎月の利用料金を一覧表に記載していきます。様々な広さの部屋を用意して複数の価格を提示しているホームもありますので、その場合は部屋数が最も多い料金プランか、最安値の料金プランを選んでください（一般的なホームでは、最安値の部屋を一番多く用意しているはずです）。

利用料金を書き出していく際に注意すべきなのは、多くの老人ホームで支払い方が、入居一時金（入居金、前払い金）と月額利用料金（家賃、管理費、食費など）の2本立てになっているということです。36ページでも説明しましたが、入居一時金というのは家賃に相当する部分を前もって支払う分だと理解してください(次ページ図)。ホームの方針で、入居一時金を高めにして月額利用料金を安く見せるのか、入居一時金を抑えて申し込みのハードルを下げるのかといった値付けの戦略が異なります。よって、異なるホーム間で比較する場合は、全てのホームの利用料金を月額に変換しないといけません。

具体的な算出方法を紹介します。まず「入居一時金ゼロ円」のプランを用意しているホームは、そのプランに書かれている月額利用料金を転記します。

一定額の入居一時金が必要なプランしか提示されていないホームについて考えます。「入居一時金1800万円、月額15万円」のホームの場合、この1800万円を月額に直す方法は以下の通りです。初めに、料金表の中から、「償却年月数」(償却期間、想定居住期間)という言葉を探してください。料金表の詳細が開示されていれば見つけられるでしょう。入居時の年齢で償却期間を変えているホームもあります。ウェブサイトに載っていない場合は、有料老人ホームの届け出の際に事業者が作成しないといけない「重要事項説明書」という書類に必ず書いてありますので、入手して調べてみてください。

なお、「重要事項説明書」は都道府県や政令市などのサイトからも入手できます。グーグルなどの検索サイトで「ホーム名　重要事項説明書」と検索するか、「所在する県名や市名　重要事項説明書」と検索すればヒットするはずです。

■ 入居一時金プランと月額プランの比較

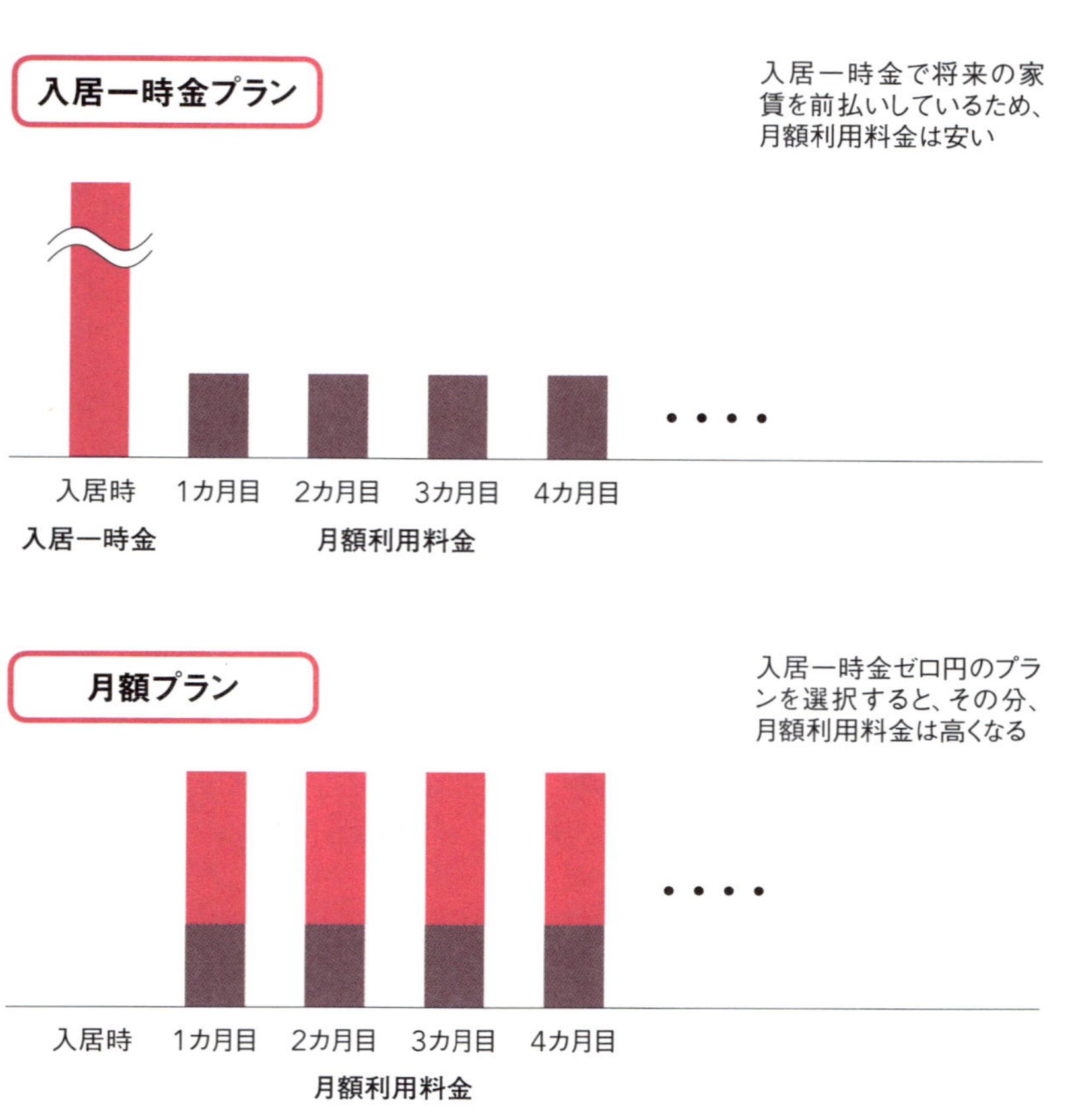

1章で説明した通り、「償却年月数」とは、入居一時金として家賃の何カ月分を充てているかという期間です。言い方を変えれば、「入居者がホームに入ってから何年ぐらいで退居するか」という期間について、事業所がどう見積もっているかを表す数値です。

「入居金1800万円、月額15万円」のホームで、「償却年月数」が60カ月だったら、1800万円を60カ月で均等償却するので、1カ月当たりの償却額は1800÷60＝30万円になります。元の月額利用料金は15万円なので、15万円＋30万円＝45万円で、このホームの月額利用料金は45万円となります（次ページ図）。それぞれのホームで料金を月額換算してから比較すると、「高い」「安い」と比較できるようになります。

サービス付き高齢者向け住宅は基本的に入居一時金はなく、その代わりに敷金という概念があります（有料老人ホームでも敷金のところがあります）。敷金とは預かり金のことですので、償却と違ってホーム側に支払うものではありません。ただ初期にかかる費用ではあるので、気になる場合は月額料金の横に書いておきましょう。

Step 5 介護費用が含まれているか確認する

次に考えるのは、月当たりの介護費用の自己負担分です。これを加味することで、異なる施

■ 入居一時金を「償却年月数」で割り、月額換算する方法

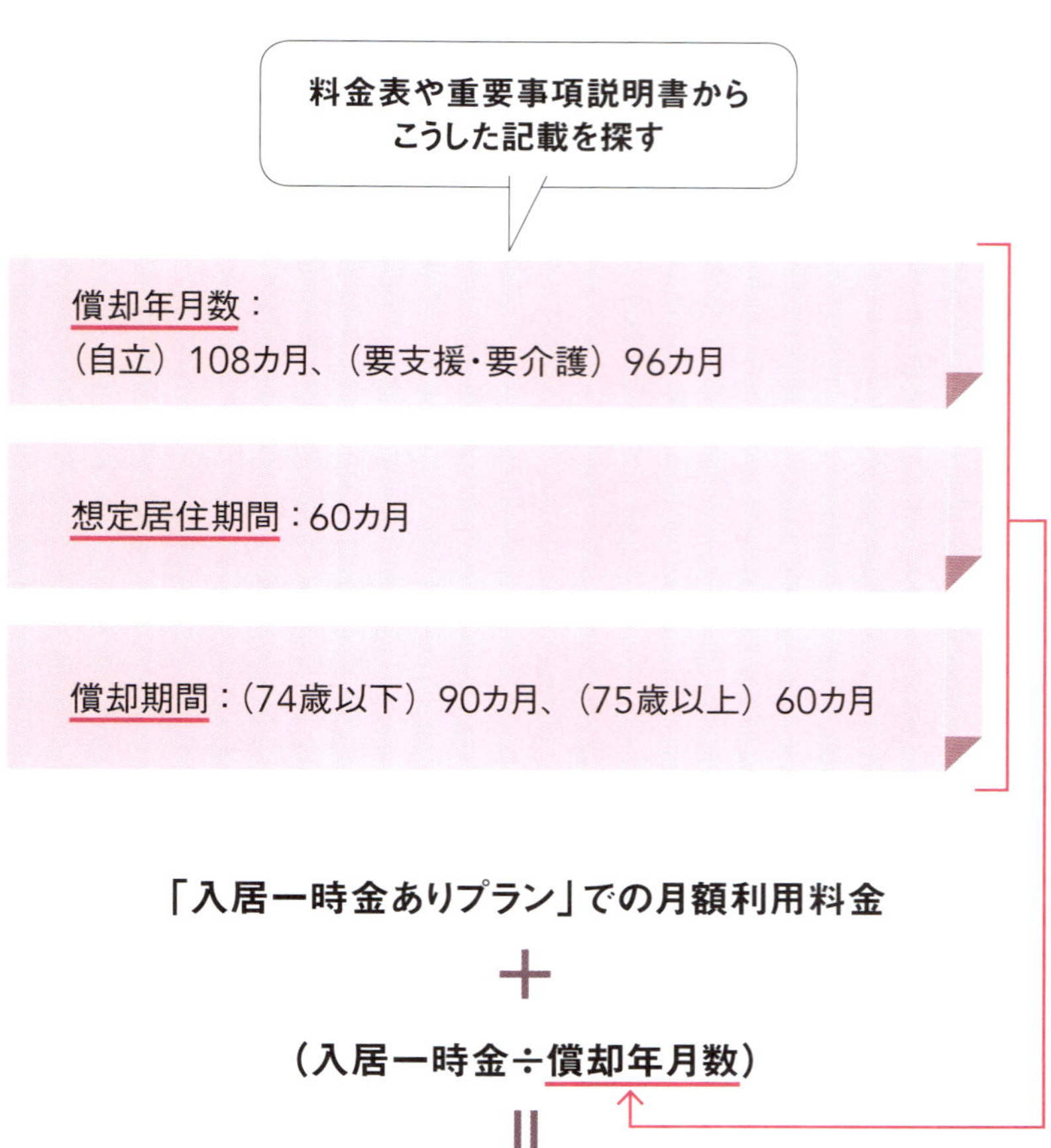

設類型の間でも料金を比較できるようになります。ホームが提示している月額利用料金の目安の中に、既に介護費用が含まれている場合はそのままで構いませんが、料金表の下などに「このほかに介護保険自己負担分がかかります」などの注釈が入っている場合は、介護費用を足す必要があります。多くの場合、ホームのウェブサイトに要介護度別の自己負担額の目安が書かれているはずです。もし、目安が書かれていない場合は、参考値として次ページ表の該当する部分の金額を足してください。

この表は、各サービス類型における自己負担額（1割負担）の全国平均をまとめたものです。住宅型有料老人ホームとサービス付き高齢者向け住宅は介護費用が出来高払いですので、大きく変動する可能性があります。

なお、ホーム利用料金や介護費用のほかに、病院への付き添いや買い物代行、サークル活動費といった追加サービスにかかるお金もあります。「実際にかかる額」を検討する際は重要なのですが、ここまで考えると収拾が付かなくなるため、現時点では取りあえずホームの基本料金だけを比較してください。

これで料金の記載が完了しました。その上で、希望エリア内の平均月額利用料金を算出します。全てのホームの月額利用料金の総計をホーム数で割り戻せば算出できます。これで、希望エリアの相場観を何となく把握することができます。

■介護費用自己負担分の目安（1割負担の場合）

（単位：円）

	特養（多床室）	特養（ユニット型）	介護付き有料老人ホーム	住宅型有料老人ホーム、サービス付き高齢者向け住宅	定期巡回・随時対応型訪問介護看護
要支援1			7,000	2,000	
要支援2			11,000	3,000	
要介護1			18,000	6,000	8,000
要介護2			20,000	10,000	13,000
要介護3	25,000	30,000	23,000	17,000	19,000
要介護4	27,000	32,000	25,000	21,000	24,000
要介護5	29,000	34,000	27,000	26,000	29,000

	小規模多機能型居宅介護	看護小規模多機能型居宅介護	グループホーム	介護老人保健施設	介護医療院
要支援1	5,000				
要支援2	9,000		25,000		
要介護1	14,000	16,000	27,000	27,000	28,000
要介護2	19,000	21,000	28,000	29,000	31,000
要介護3	26,000	28,000	29,000	31,000	38,000
要介護4	28,000	32,000	29,000	32,000	42,000
要介護5	31,000	36,000	30,000	34,000	44,000

※介護給付費等実態統計や高齢者住まい事業者団体連合会の資料に掲載されている国内の平均利用額を基に作成した。住宅型有料老人ホームとサービス付き高齢者向け住宅は介護費用が出来高払いなので、大きく変動する可能性あり。住宅型有料老人ホーム、サービス付き高齢者向け住宅で、定期巡回・随時対応型訪問介護看護、小規模多機能型居宅介護、看護小規模多機能型居宅介護のサービスを受ける予定であれば、受けるサービスの列を参照のこと

※1割負担の場合の料金を表示。2割負担、3割負担の人は、表の額を2倍もしくは3倍するが、高額介護サービス費の上限に相当する4万4400円以上になった場合は、4万4400円を介護費用とする

Step 6

値段の差を生む「ホームの特徴」を洗い出す

一覧表を眺めると、平均利用料金よりも高い利用料金が高いホームがあるはずです。そこで、利用料金が高いホームの原因を探っていきましょう。当該ホームのウェブサイトを見て、気づいたことをそれぞれのホームの「特徴」という欄に書き込んでいきます。

ちなみに、最初に述べてしまうと、ホームの値段を決める要素は「立地」「人」「建物の質」、この3点です。

・アクセス良好

家族が頻繁に面会するためには、立地の良さが重要です。立地が良いほど不動産的価値も高いので、ホームの入居費用が高くなる傾向にあります。東京都中央区や港区といった都会のど真ん中にあるホームは高いですし、地方になればなるほど安くなるといった具合です。また、同じ地域でも最寄り駅や高速道路出口からのアクセスの良さなどは不動産価格に影響しますので、料金は上がります。オリジナルの「ホーム一覧表」でリストアップしたホームの中で、アクセスが良好な施設があれば特徴欄に「アクセス良好」と書き込んでください。

・手厚い職員配置

人件費もホームの料金を決める大切な要素です。「ホーム一覧表」に書かれている職員配置数の部分を見てください。前述の通り、介護付き有料老人ホームの場合、国で決められた職員配置数の最低基準は「3対1」です。これが「2・5対1」だったり「2対1」のホームは割高になります。「2・5対1」までは一般的なのですが、「2対1」や「1・5対1」をうたっている場合は、特徴として「手厚い職員配置」と書き込んでください。

・24時間看護師

前記の「3対1」というのは、介護職と看護師を足した職員の配置数ですが、中でも看護師の配置が手厚いホームは料金が上がります。多少の地域差はありますが、看護師が24時間常駐しているところは周囲と比べて月5万円程度、割高です。なお、国の制度上、介護付き有料老人ホームは日勤帯（おおむね9時から18時まで）の看護師配置が義務付けられています。しかし、それ以外の時間帯は看護師がいないのが一般的です。

・リハビリ職員など

看護師以外にも、例えばリハビリに力を入れているホームで理学療法士（PT）が配置されているなど、医療従事者（資格者）が特別にいることがあります。資格者が特別にいる場合は、料金アップにつながるので、その旨を記載しておきましょう。柔道整復師やあん摩マッサージ指圧師がいることを売りにしているホームもあります。

・**広い居室面積**

最後は「建物の質」です。老人ホームの場合、一般的なマンションなどと違って、築何年かというのはそこまで料金に反映されませんが、部屋の広さは影響大です。

老人ホームの部屋の広さは、20㎡前後であることが多いのですが、これが30㎡以上もあるようなケースでは、利用料金が割高になります。アクティブシニアも対象としたホームでは、ある程度の広さを売りにするところも多いので確認したいポイントです。もし、周囲のホームよりも部屋が広いのであれば、特徴欄に「広い居室面積」と書いておきましょう。

逆に、平均利用料金と比較して安いホームもあると思います。もし、気になる場合は、同じように、なぜ安いのかを分析していくことをお勧めします。料金が安い理由は、部屋にトイレがないとか、1人部屋ではなく相部屋（多床室）などの場合が多いと思います。

・**共用部が充実**

これもアクティブシニアを対象としたホームの特徴ですが、共用部のリビングやサークルスペース、リハビリテーションルームなどが充実している場合、それが月額料金に反映されます。

このほかにも、気になることがあればどんどん備考欄に書き出していってください。オリジナルの「ホーム一覧表」を見るだけで、地域にある様々な種類のホームの特徴と料金の相場観がある程度つかめるようになると思います（完成見本は87ページ）。

なぜ一覧表を自作する必要があるのか

世の中には多くの老人ホーム検索サービスが存在します。クリック一つで、希望の老人ホームのパンフレットが入手できたり、動画でホームの様子が確認できたりと、便利さ満載です。しかし、ここで注意しなければならないのは、それらは全て、入居者を募集するための営業ツールであるということです。平たく言うと、入居者を獲得するための目的で作られたものなので、見せ方や表示に恣意的な部分があるのです。

全ての物事がそうであるように、ものは見方や見せ方を変えるだけで全く別のものになります。営業担当者から一方的に出された情報をうのみにするのではなく、それらの情報を利用して自分自身でホーム一覧表を作成することが重要なのです。

メリットはほかにもあります。人の知識や教養は、明確な目的意識の中でインプットとアウトプットを繰り返すことで深まります。親の老人ホームを選ぶために、希望エリアを考え、そこにあるホームを検索し、その情報を確認しながら一覧表を作っていく。この作業がインプットです。次に、完成した一覧表を基に親や兄弟などと情報共有を行います。このとき、家族に対して説明する必要が出てくると思います。この作業がアウトプットです。

説明をすれば当然、家族から「これは何なの?」「このホームはほかに特徴はないの?」といった指摘を受けるはずです。受けた指摘が重要かどうかを整理した上で、重要なら追求していくこと——。この作業を繰り返すことでホームに対する知識が深まり、ホームのことを一定レベルで「知る」ことができるのです。

私は、この知るということが極めて重要だと考えています。なぜなら、老人ホーム探しにおいて最後に必ずホーム側の営業担当者やホーム長などと協議を行い、決断をするという対面の場があり、そこでこの知識が生きるからです。この場面で、何の予備的知識もないと、相手の言うことが何となく正しく聞こえてきます。

しかし、多少の予備知識を持って臨めば、相手の言っていることが理解でき、「これはそういうことだったのか」と気づきもあり、結果、老人ホーム側と対等に話ができるようになります。誤解しないでほしいのは、何も私は皆さんに「プロになれ」と言っているのではありません。老人ホーム側の説明や、言っていることを正しく理解できるぐらいの知識を持つことが大事だということなのです。その上で、この担当者は信頼できるという判断があれば、その人の言っていることを信じ、入居を決断すればよいと考えています。

chapter 2

親のニーズをどう洗い出す？譲れないものは何か？

このサービスは本当に必要なのか考えてみよう

オリジナルの「ホーム一覧表」が完成したら、次はその中から親に合うホームを絞り込む作業です。一覧表は各ホームの様々な特徴や料金が比較できる状態にあるはずです。

ただ、いかがでしょう。ホーム一覧表を作りながら、どのホームも何だか良さそうなイメージを受けませんでしたか？　各ホームのウェブサイトに書かれているサービス一つひとつに対して、「良いこと書いてあるなぁ」「そうだよね」「うちの親に必要かも」などと感じたのではないでしょうか。それはそうだと思います。ウェブサイトは入居者を集めるツールだからです。

周囲に競合がある老人ホームでは、他のホームにない「売り」を持たなければ、入居者獲得競争に負けてしまうため、独自のサービスを考え、展開しています。かつて、外食産業の雄として、鳴り物入りで介護業界に参入したワタミの介護（M&Aによって、現在はSOMPOホールディングスの子会社のＳＯＭＰＯケア）は、「食」で多くのライバルホームに差を付け、存在感を高めていきました。余談ですが、私はワタミの介護のおかげで、多くの老人ホームが食事の向上に真剣に取り組み、結果、老人ホームの食事が格段に底上げされたと思っています。

老人ホームの多くは、ライバルホームとの差別化を図るため、あの手この手で目を引くサービス内容を考えています。例えば、最寄り駅から離れたホームでは、駅までの送迎サービスを実施したり、タクシー代をホームが負担したりしています。また、あるホームでは、かかりつけ医のところまで無料送迎したり、ホームの看護師が受診時に同行するというサービスを提供しています。「食事時間は自由です」「食事は居室で食べられます」「ヒノキ風呂です」「絵画教室では著名な先生の指導を受けることができます」――などなど、挙げればきりがありません。

ここで考えなければならないのは、それらの全てはコストとして利用料金に含まれているということです。親に必要なサービスであれば無駄にはなりませんが、そうでない場合は過剰サービスですので、利用料金の一部が無駄遣いになっているということです。「老人ホームの多くのサービスは過剰である」。これが私の認識です。

何だか良さそうな特徴が書かれたホーム一覧表をもう一度、見つめ直してください。

これから自分の親の状態や性質、嗜好を踏まえて、必要なサービス、不要なサービスを見極めていく作業に入りましょう。

「24時間看護師常駐」は必要か

本題に入ります。現場を見ていて、多くのミスマッチが起きていると私が考えているサービスの一つが「24時間看護師常駐」です。

各種老人ホームにおける看護師の関わり方を整理してみましょう（左図）。特別養護老人ホームと介護付き有料老人ホームは、看護師の日中の配置が義務付けられています。これらの施設で、「24時間看護師常駐」というのは、要するに夜間も看護師がホーム内にいて、必要時に対応してくれるところを指します。

住宅型有料老人ホームやサービス付き高齢者向け住宅、ケアハウスなどの施設では、看護師の配置が義務付けられていません。外部の訪問看護サービスを利用すれば看護師による医療処置を受けられますが、訪問頻度は月2回〜週1回程度ですので、「日中配置」の介護付き有料老人ホームには及びません。また、グループホームでは非常勤の看護師や施設から委託された訪問看護師が来ますが、多くの場合、関わる頻度は週1回程度です。

一つだけ例外があって、1章の65ページで触れた、がん末期・難病患者を対象にしたいわゆる「ナーシングホーム」では、医療保険を使った訪問看護サービスが手厚く提供されるので、ほぼ24時間看護師常駐ホームのような形になります。

■ ホームの種類と看護師が関わる密度

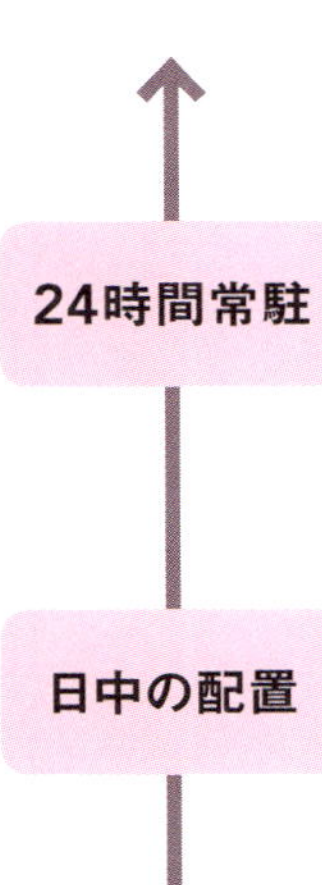

	ホームの種類	看護師がやれること
24時間常駐	・24時間看護師常駐の介護付き有料老人ホーム ・がん末期と難病の患者を専門に受け入れる、いわゆる「ナーシングホーム」	早朝・夜間のインスリン注射、早朝・夜間のたん吸引、中心静脈栄養や24時間点滴の管理
日中の配置	・介護付き有料老人ホーム ・特別養護老人ホーム ・看護師が日中いる住宅型有料老人ホームやサービス付き高齢者向け住宅	日中のインスリン注射、日中のたん吸引、在宅酸素の管理、人工呼吸器の管理（夜間吸引が必要な場合を除く）、胃ろう、経鼻栄養の管理、人工肛門の管理、褥瘡（じょくそう）ケアなど
週1回程度の関与	・住宅型有料老人ホームやサービス付き高齢者向け住宅などで訪問看護のサービスを受ける場合 ・グループホーム	病状の経過観察、療養のアドバイス、リハビリテーション、排せつのコントロール（摘便）など
関与なし	・看護師の配置がない住宅型有料老人ホームやサービス付き高齢者向け住宅など	

では、看護師が日中だけでなく24時間常駐する必要があるのはどういう人でしょう。ずばり言えば、①介護職にできなくて看護師ならできる行為が、②夜間や早朝に必要――な人です。一番多いのが、人工呼吸器を装着していたり気管切開をしたりしていて、たんの吸引が日中・夜間問わず何度も必要な人です。また、朝食前などの日中以外の時間帯にインスリン注射が必要なのに、認知症で自分で打てない人も該当します。逆に言えば、在宅酸素や人工肛門の管理など、看護師しかできない行為であっても、日中にやってもらえばいい人は、24時間看護師常駐のホームである必要はありません。ここの見極めが大事です。

さらに言えば、病状の経過観察やリハビリテーション、排せつのコントロール（摘便）など、週1回ぐらい看護師に関わってもらえばいい人、もしくは看護師しかできない行為が不要な人は、日中の看護師配置が義務付けられていない施設でもいいことになります。

「看護師がいるから緊急時に安心」は営業トーク

ここで留意していただきたいのは、これまでの話に「看取り」と「病気の急変」への対応がないことです。結論から言えば、この2つに関しては、ホームの看護師配置は関係ありません。「看取り」についてはこの後、詳述するとして、まずは「病気の急変」について述べます。

介護現場で看護師が行う医療行為は、原則、「日常生活を送るために必要なこと」です。かぜ

■ 介護職にできなくて看護師ならできる行為

喀たんの吸引※、胃ろう・経鼻栄養などの管理※、インスリン注射、在宅酸素の管理、人工呼吸器の管理、人工肛門の管理、点滴の管理、中心静脈栄養の管理、褥瘡（じょくそう）ケア、導尿、摘便、病状の経過観察、療養のアドバイス、リハビリテーションなど

※特定の研修を受けた介護職なら実施可能

や便秘への対応、ご飯が食べられないから薬の時間を調節するといったことです。この延長がインスリン注射、たん吸引などです。あくまで日常生活を送るために必要な行為です。

もし入居者が何らかの病気によって体調が急変したら、それは日常外のことになるので、介護ではなく「医療」の出番になります。必要なら医師の往診を頼むでしょうし、救急搬送も考慮します。ホームに24時間看護師が常駐したとしても、これは同じことです。

24時間看護師を常駐させているホームの売り文句として、「緊急時に安心」というものがあります。皆さん、「あれ?」と思ったのではないでしょうか。実際、この言葉はウソではないのですが、なかなか巧妙な営業トークだと思います。確かに、看護師は医学知識が豊富ですから、微熱があるとか食べ物が喉を通らないといったときに医師を呼ぶかどうかの判断は得意なはずです。「緊急時」というのはその程度のことで、入居者が倒れるような「明らかな緊急時」には、ホームの看護師は無力だということなのです。

夜間帯の看護師は入居者のことを知っているか

看護師が24時間いるホームでは、確認すべきことがもう一つあります。それは看護師の雇用形態です。雇用形態というと、正社員、非正規社員、フルタイム、パート、常勤、非常勤、派遣など、様々な呼び方があるので混乱しがちですが、聞くポイントは一つだけ、「夜間帯の看護師さんは、このホームで日中も働いていますか?」で結構です。看護師が入居者の日中の姿を知っているかどうかということは、とても大事な要素になります。

実態として、多くのホームでは夜間帯をその日限りの派遣看護師や、夜勤専属アルバイトに応募してきた看護師に任せています。当然、日勤帯の看護師から「この人は熱が出てきたから要注意」などの申し送りを受けていますが、緊急時(先ほど述べた「ちょっとした緊急時」も含めて)、普段の入居者の状態を知らない看護師に期待できることは少ないのが事実です。むしろ、入居者のことを知っている熟練介護職の方が、適切な判断を下せるはずです。

私がかつて勤務していた老人ホームでも24時間看護師を常駐させていましたが、夜間帯は派遣の看護師でした。入居者の状態が急変したときなどは、派遣の看護師が介護職に「どうしようか」と相談するありさまでした。これが実態です。夜間帯にはどのようなホームであってもリスクが付いて回るということ、医療体制は万能ではないということを肝に銘じてください。

医療面ではなく生活面を見る

話はやや深入りしますが、私は介護の世界においては、看護師や医師などの医療従事者に対する過度の依存心を捨てるべきだと思っています。介護職として働いたことがある私の経験に基づいて話をすれば、高齢者は医療に多くのことを期待できません。過去に私は幾度となく、往診医の診察を受けている入居者が息を引き取っていく姿を目にしてきました。そのとき大抵、往診に来た医師は処置をしながら最初は「大丈夫」と言うのですが、途中から「これは難しいね」と言って諦めムードになります。つまり全然、分からないということです。

こうした経験から私が導き出した結論は、「人の死亡率は100%。一定以上の高齢になったら、医療の力は死ぬ力には及ばない」ということです。寿命を迎えた人に対しては、どのような名医でも無力なのです。

ですから、親のホーム探しをしている子世代の皆さんに私が強調したいのは、「医療体制ではなく生活面を重視してホームを探してほしい」ということです。高齢の親に対して「体調の急変が心配だ」「緊急時はどうする」といったことを皆さんが考える気持ちはよく分かります。ですが、親御さんがホーム内で何事もなく日常生活を送る時間は緊急時の何十倍、何百倍もの長さなのです。当然、24時間看護師常駐のような医療体制が手厚いホームには、人工呼吸器を付けているような状態が重い人が多くいます。リビングに出てこられる人すら少ないかもしれません。そういう環境で親御さんが生活を送って楽しいのか、じっくり考えてみてください。

「最後まで追い出されない」は重要か

では、こんなケースはどうでしょう。「現在、親はインスリンを自分で注射できているけど、将来、認知症になったら、朝の注射のために24時間看護師常駐が必要になるかもしれない」。その親御さんには現在、認知症の兆候はありません。単純に将来が心配な場合です。

私は、この場合も今の親御さんの生活を重視して、「24時間看護師常駐は必要ない」とアドバイスしています。この家族が心配しているのは、「将来、親が認知症になったら追い出されてしまうのではないか」ということです。これに対して私は、「将来、住み替える選択肢も持ちながら、今の親御さんにとって最良の選択をすべきだ」と言います。24時間看護師常駐ホームのように料金も高く、重度な人が多いところに、現時点で自分でインスリン注射ができるような人が入る必要はないというわけです。

こうしたホームに入ることに親御さんが納得すればまだよいのですが、ミスマッチが深刻だと、「こんな重い病気の人ばかりのところは気が滅入る。家に帰りたい！」と親御さんが主張し出すかもしれません。このリスクの方が、追い出されるリスクより高いと思います。

皆さんに理解してもらいたいのは、老人ホームの住み替えの可能性を過度に恐れないでほしいということです。一般的なホームでは、入居者の状態が悪化しても可能な限り入居を続けられるように努力します。例えば、前述のインスリンのケースで、もし認知症の兆候が出てきたら、家族に対して次のような連絡がなされるはずです。「早朝の注射ができなくなりそうなので、医師に相談して経口薬に変えてもらうか、長時間作用型のインスリン製剤に変えるよう検討してもらえないでしょうか。そうしたら日中の看護師でも対応できますので」。さらに言えば、老人ホーム側の努力で、看護師が1時間早く出勤して対応してくれるケースだってあります。介護・福祉の世界は、経済合理性だけでは説明が付かない理由で動くものなのです。

この「追い出し」に対する家族の恐怖を見ていると、どうも病院と老人ホームを混同しているような気がしてなりません。病院は、退院支援という名の下に状態が安定した患者をできるだけ早く退院させるのが経営的な戦略として定着しています。ですが、老人ホームはその逆です。入居者の状態が重くなった方（要介護度が上がった方）が介護保険の収入は上がるので、できるだけ接点を保とうとします。どうしても無理なら病院に搬送しますし、次に触れる「看取り」まで、積極的に取り組もうとするのが一般的です。

「看取りに対応」は意味のある情報か

医療体制を売りにするホームの中には、「看取りまで対応」とうたうところがあります。これも「最後までいられる安心感」、つまり「追い出されることがない安心感」を入居希望者とその家族に与える言葉ですので、〝営業トーク〟として効果があるようです。

なお私は、今の老人ホームの看取りの風潮に対し〝Ｎｏ〟と考えている立場です。最初に大切なことを述べておくと、看取りを行うのはホームではありません。高齢者本人やその家族が直視するものであり、ホームはその場を自然な形で用意することぐらいしかできないのです。もちろん、こうした場づくりに取り組んでいる心あるホームも存在しますが、これは「看取り件数」という数字や「看取りに対応」というスペックで測れないことに注意してください。

また、「看取り」と「医療体制の充実」は、関連性が全然ないキーワードです。医師や看護師などの医療職が看取りの場でできるのは、死に関する知識が少ない私たち素人への説明と、後は穏やかに寿命を終えるための準備として行うターミナルケアぐらいです。そして、このターミナルケアの多くは医療保険で行われます。外部からの訪問診療、訪問看護でも十分に可能な内

■「医療体制の充実」がもたらす誤解

▷夜間の急変対応ができる

→本当の緊急時は、いずれにせよ救急車を呼ぶ。軽い急変では、看護師が夜勤バイトなどの場合、入居者のことを理解している介護職の方が役に立つことが多い

▷看取りに対応している

→看取りの大部分は介護が担う。医療の部分は、訪問診療、訪問看護など医療保険のサービスで賄える

▷最後までいられる安心感がある

→周囲の入居者が重度の人ばかりで、話し相手がおらず、気が滅入ってしまうリスクも

容ですので、ホームの看護師配置は重要ではありません。

看取りって何だろう

我が国もその昔、人の死は日常でした。しかし、いつの頃からか、人は病院で死ぬことが当たり前になり、日常から離れた特殊なものになりました。そして今、団塊の世代が後期高齢者に差しかかる中で、国は医療費抑制のため、病院のベッドをこれ以上増やさないように「病院から在宅へ」というスローガンを掲げています。つまり、死に場所を病院から自宅や老人ホームなどに移行しようとしています。

現在、国は看取りを行っている老人ホームに「看取り介護加算」なるボーナス

老人を与えています。その結果、介護業界では看取り対応というキーワードが躍っています。老人ホームの経営的な側面から考えても、看取りをした方が収入増につながるため、運営会社も「看取り件数」を増やすことに力を入れ始めているのです。

しかし私には、多くの人たちが看取りの本質を見誤っているのではないかと思えてなりません。誤解を恐れずに申し上げれば、今、言われている「看取り」は、病院以外の場所で人が死ぬ現象を指しているだけです。死にゆく入居者に対して、何も手を施さなければいいのですから……。これならどんなホームでもできます。そして、無条件に「看取りが良いことである」とする風潮にも個人的に気持ち悪さを感じています。

看取りとは、簡単に言えば、「医療処置を継続しても抜本的に解決できない場合、その処置を止めて死を受け入れる」ということです。医師の管理の下、本人や家族が「死」の事実を受け入れ、医師に対して「積極的な治療はしないでほしい」「延命はしないでほしい」と意思表示をした場合に、看取りの本格的なプロセスが始まります。

その時点で、老人ホーム内では全職員に対し、その方が看取りの状態になったことが伝えられ、今後の対応などが協議されます。

私が、今の看取りの風潮を嫌っているのは、人が死んでいく現象を「看取り」というキーワードで正当化しているところです。さらに違和感を抱くのは、この看取りが美化され、老人ホーム の営業に利用されているところにあります。

多くの介護事業者は、自分たちが何件看取りを行ってきたかという実績を誇り、「美しい看取り」に取り組んだことを競い合います。あるホームは、そのプロセスを事例発表会としてスライド発表しています。関係者を呼び、「感動」という衣をまとわせて、自分たちの仕事を美化しているのです。介護職をリクルートするための道具として「看取り」を使っているところもあります。さらに高齢者に「看取りは美しい」「延命は悪」という刷り込みを行っているような気がしてなりません。私は、この風潮に対しＮｏと言っているのです。看取り自体にＮｏとは言っていません。この風潮を止めないと、生きる権利が侵害されていき、国民全体が「延命を願う高齢者は社会の害悪だ」という思想に浸ってしまうのではないかという危惧さえ抱いています。

例えば「胃ろう」という、胃に直接、管を差し込み、栄養を届ける方法があります。ひと昔前までは、口から食べられなくなった高齢者に対して、医師から胃ろうを付けることが勧められていました。私が働いていた頃の老人ホームには、胃ろうを付けた人がたくさんいたのです。しかし、この10年ほどの間で、胃ろうを付けることを勧める医師が急に減りました。さらに、本人や家族に対するプロパガンダが進み、「胃ろうは悪」と言う風潮になっています。「胃ろうを付けてまで生きていたくない」という風潮です。

私が嫌なのは、人の死に対して全体主義的な話になっている点です。皆が胃ろうをしないから自分もしない、という風潮にＮｏなのです。人の死は個別性の極致です。胃ろうは絶対にしたくないという価値観を持った人がいてもよいですが、胃ろうをしてでも生きていたいという人の気持ちも尊重すべきです。全ての高齢者に「胃ろうは間違っている」と言い張る今の医療、介護業界に対していかがなものか、という気持ちを強く持っています。

この10年で、胃ろうに対する価値観が激変したのには、実はからくりがあります。数年前、医師が胃ろうを付けることへの診療報酬（医療機関が受け取れる収入）が国によって一気に減らされました（２０１４年度の制度見直しがクリティカルでした）。現在は、保険診療で胃ろうを付けようとしても、胃ろうのキット代も出ないほどの安い額しか医療機関に入りません。こうして、付ければ付けるだけ医療機関の赤字を増やす胃ろうが、医療者にとって「悪」になりました。患者や家族に対して、「胃ろうを付けてまで延命するのは悪」「自然な看取りは美しい」と刷り込みを始める医療者が出てくるのも時間の問題だったのです。

精神的なサポートができているかが鍵

これらの背景を皆さんには理解していただいた上で、「看取り」を論じていただきたいと思います。では、ホームはどのように看取りの場を整備しているのでしょうか。

私が様々な現場を見てきた経験から言わせてもらえば、ホームの看取りのサポートで大切なのは、精神的なもの、言い換えれば宗教的な行為なのだと思います。勘違いをしないでくださいい。何も、特定の宗教を奨励しているのではありません。医療的な処置が効果のない高齢者にとって、支えになるのはおのずと宗教家になります。あるホームには牧師が来ますし、あるホームにはお寺の住職が訪問しています。神官が訪れるホームもあるでしょう。特定の宗教を信仰しているのであれば、ホーム側がその宗教の人たちに訪問を依頼してもいいと思います。看取りを数多く経験している介護職や医療職だって、どこか宗教家的な側面を持っています。本来は、精神的サポートは宗教家が担えばいいものを、現状では介護職や医療職が担わざるを得ない状況になっているとも言えるでしょう。

では家族はどう関わればいいのでしょうか。本来は、親が健康で元気なうちから、家族と何度も話し合い、その都度、そのときの気持ちを整理することが重要です。ホームの「看取り体制」を評価するなら、こうした場を用意してくれているかを尋ねるとよいと思います。ホームでも、元気な入居者がぽろっと「死んだ夫（妻）のところに早く行きたい」などとこぼすことがあります。こうした揺れ動く気持ちにどう向き合っているのか、ホームの見解を聞いてみてもいいかもしれません。

充実した入浴介助サービスは必要か

特別養護老人ホームや介護付き有料老人ホームは、国の基準で「最低、週2回入浴介助を行うこと」が決められています。入浴時間は午前中、ないし昼食後の時間に行われるのが一般的です（276ページ「老人ホームの24時間」を参照）。この時間が一番、職員の手が空いているからです。住宅型有料老人ホームなどではケアプランに沿って入浴介助の回数が決まります。

介護付き有料老人ホームの中には、「追加負担なく週3回入浴できます」ということを売りにしているホームがあります。不思議なもので、そういったホームの近くには「週4回まで無料」とか、「夕方に入浴が可能です」というホームが出現し、入浴サービスの地域競争が行われます。しかし、これをホーム選びの決め手にしてよいのでしょうか。

もちろん、お風呂が大好きな高齢者はたくさんいます。「午前中は機能訓練の体操をして汗をかくから夕方に入りたい」と入浴時間にこだわりを持つ人もいます。こういう人は、入浴の自由度がホームを選ぶ際の決め手の一つになるでしょう。

ただ、この「入浴が好き」というのが、本当に親の意見なのかということはもう一度胸に手を当てて考えてみる必要があります。子世代の皆さんに「入浴をすべきだ」という思い込みがあり、それを親御さんに押しつけていたりはしないでしょうか。

高齢者にとって入浴の目的は、清潔保持とリラックス効果の2点です。このうち、清潔を保持するにはシャワー浴でも十分ですし、清拭（布などできれいにふくこと）でも可能です。

ではリラックス効果はどうでしょう。想像してみてください。もしあなたの体力が落ちてきて、お風呂に入るとその日は1日中疲れが取れない状態になっても、毎日、入浴したいですか。また、自分で好き勝手に入浴できず、誰かの手を借りなくては入れないとしたら、入浴は楽しいものでしょうか。それとも、「厄介だなぁ」と思うでしょうか。

私の経験から言わせていただくと、多くの高齢者は入浴が好きではありません。入りはしてもカラスの行水のようにすぐ出たがる高齢者も多いのが現実です。

さらに言うと、「入浴」というアトラクションをめぐって、毎回のように職員と入居者とでバトルが繰り広げられている光景は、老人ホームでは決して珍しくありません。

職員　**「入浴の時間ですよ」**

入居者　**「入りたくないよ」**

職員　**「もう1週間もお風呂に入っていないんですよ。今日は入りましょうよ」**

入居者　**「バカ、帰れ、絶対に入らない！」**

職員　**「……」**

こんな具合です。職員はあの手この手で入浴に誘うのですが、拒絶する人はかたくなです。

かつて私が新人介護職だった頃の話です。先輩から、入浴が大嫌いなAさんという入居者の入浴介助を指示されました。そのとき私は一定期間、介護職として経験を積んでいたので、この〝難題〟は次のステージに昇格するための試験のようなものでした。

先輩からは「『お風呂』という言葉を耳にすると絶対に部屋から出ないので、まずは『散歩に行きましょう』と言って部屋から連れ出すことが重要だ」と助言を受けました。私は、先輩に教えられた通り、「Aさん、天気が良いので散歩に行きませんか？」と満面の笑みで誘いました。

Aさんは「嫌だ！」と叫んで、布団をかぶります。私も負けじと「気持ち良い秋晴れですよ。近所の公園まで行きましょう」と続け、車いすをベッドの横に付けてスタンバイOKです。しかし、反応はありません。先輩から「Aさんは三度の飯より散歩好き。必ず『散歩』のキーワードで部屋から連れ出すことができる」と言われていました。ですが、どうも様子が変なのです。

結局、その日は入浴をしてもらえず、先輩から「まだまだ修業が足りないね」と言われてしまいました。その日の午後、別の職員にその話をしたところ、次のような回答が返ってきました。「あなたは、どのような格好で『散歩に行きましょう』と誘ったの？まさか入浴介助の格好で誘ってはいないよね」と。

私は、濡れてもいいように、ランニング用のTシャツと短パン、はだしにゴム草履というスタイルで居室に伺い、声をかけていたのです。

高齢者にとって、入浴は必ずしも「癒やしの時間」とは限りません。つまり、子どもによる「当然、お風呂は好きだよね?」という押し付けや思い込みは、かえって本人を苦しめることもあるのです。もう一度、皆さんにお聞きします。親御さんは入浴が好きですか。最近、親御さんがお風呂に入っていない日はないでしょうか。

入浴について、改めてフラットに話を聞いてみるのもいいと思います。

「食事がおいしい」はアテになるか

雑誌やテレビなどの「老人ホーム特集」を見ると、必ず食事のコーナーがあります。そして、「おいしい食事のホーム」「老舗ホテルからお取り寄せしたおかず」「オーガニック」「塩こうじ」「健康食」などというキーワードが躍っています。しかし、この情報がホーム選びの決め手にはなりにくいと私は思っています。

食事の目的は、当然ですが「生命維持」です。栄養を摂取しなければ人は死にます。そしてもう一つの目的は「楽しみ」です。ほぼ1日中ホームで過ごす入居者にとって、食事が楽しみであることは疑いようもない事実です。しかしです。ここで考えなければならないのは、食事が「楽しい」ということと、「ぜいたく」「健康的」は必ずしも一致しないという事実です。

ここでクイズです。私が老人ホームに勤めていた頃、入居者に一番人気のあった食事のメニューは何だったでしょうか。お寿司？ すき焼き？ 天ぷら？

いいえ、人気第1位はカップラーメンでした。第2位は駅弁です。両方とも、高価な食事ではありませんし、ホーム側にとっても用意の手間がかかりません。

これらの食事は、年に数回実施する「食事イベント」で出していたのですが、大喜びしている入居者たちを見て、委託先の給食事業者の管理栄養士がこう言っていました。「毎日毎日、栄養バランスを気にしながら献立を作成しているが、入居者が喜んでカップラーメンをすすっている光景を見ると、自分たちの存在価値はあるのだろうかと考えさせられます」。当然、毎日カップラーメンを食べていればこうはいきません。普段はバランスが取れた食事を食べ、たまにジャンクフードを食べるところに背徳感が湧き、うきうきしていたのだと思います。

話を戻します。「食事がおいしいホーム」とは何なのでしょう。もちろん、熱いものは熱く、冷たいものは冷たくというのは重要です。しかし、味付けに関しては個人の好みで決まるため、一概には言えません。後述しますが、「あのホームは食事がまずい」という口コミは全く参考になりません。ホーム選びの際に「食事のおいしさ」は評価軸になり得ないのです。

それでももし、食事について評価を行うとしたら、食事を作る人（委託している給食事業者の担当者）の動きを観察すべきです。その昔、私が介護職だった頃、「それはそれはおいしい食事を作る」と評判の料理人がいました。その人は必ず、食事時間に厨房から出て、入居者のところまで来て話をしていました。残す人が多かったおかずは、食べ残しを自分が食べて確認をしていました。味が濃かった、薄かった、食材が硬かった、柔らか過ぎたなどを確認していたのです。この料理人の姿を見てファンになった入居者もいたはずです。当然、食堂に出ている間は後片付けができないので、残業が多かったと推測します。つまり、給食業者の大小や質、食費の高い・安いではなく、担当している料理人の質によって、おいしさは決まるのです。

加えて、自分でカスタマイズ可能かどうかもおいしさを左右します。実際、和食のときに前もって購入しておいた海苔のつくだ煮や梅干しなどを出してもらう入居者もいました。今はインターネットで何でも買える時代ですので、親御さんの好みのサイドメニューを子世代が買い、ホームに用意してもらうこともできます。

さらには「ミキサー食」や「刻み食」などの飲み込む能力に応じた食事、また「糖尿病食」や「低タンパク食」などの持病に応じた食事に対応していることはホーム選びの決め手になり得ます。ミキサー食でも本当にミキサーにかけただけのものなのか、それともおいしそうな見た目にしているのかといった点も、「食べたい」というモチベーションを左右するので重要です。つまり、食事の評価というのは、あくまでカスタマイズ性だと思います。料金ではありません。参考までに首都圏の場合、ホームが設定している食費は5万～6万円が一般的です。だからといって4万円台のホームがまずくて、6万円台のホームがおいしいわけではないということです。

「自立支援」は必要か

最近、介護業界では「自立支援」という方法論がブームです。積極的に取り組み、「要介護度が改善している」などの成果をうたい文句にして、入居希望者にPRしているホームもあります。この自立支援というのは「職員が過度に援助せず、高齢者ができる範囲のことはできるだけ本人にしてもらう」という介護の手法です。

「そんなこと当たり前じゃないか」と思う方もいらっしゃるでしょう。でも、入居者の中には自分でやる能力や機能があるにもかかわらず、着替えや食事などの介助をしてもらいたい人が多くいます。介護職が「自分でやってください」と断ると、「ケチ」「薄情だね」と文句を言います。たちが悪いのは、その様子を見ていた別の入居者の家族やホームの見学者などが「このホームの介護職は不親切だ」と評価してしまうことです。しかし、何でも職員にやってもらう人はみるみる機能が衰えていきます。当たり前のことです。一方、自分のできることを努力してやる人は要介護度の進行が抑えられ、改善するケースだってあります。

なお、職員の立場から言えば、自立支援に真剣に取り組む方が〝大変〟です。想像してみてください。例えば「おやつの時間にお茶のコップを入居者の席まで持っていく」という一連の動作を、足元がおぼつかない入居者本人にやってもらって職員が見守るのと、職員自らが入居者の席に持っていく場合のどちらが職員にとって〝楽〟でしょうか？ どう考えても職員が持っていく方が短時間で済みますし、安全を確保するための配慮もいらないので楽でしょう。この自立支援という介護手法は、手間がかかるものなのです。

なお本書では「自立支援の介護は素晴らしい」と手放しで称賛するつもりはありません。自立支援の精神にのっとった上で、「どこまで本人に頑張らせるか」といった〝強弱〟は、老人ホームの流派によりますので、ミスマッチが起きないよう親御さんに合うホームを探してほしいという立場です。

例えば、「老人ホームはゆったり過ごす空間だ」という信念の下、生活の大部分を職員が手伝う方針の「ゆったりホーム」と、要介護度の改善を錦の御旗に、入居者が多少苦しくても運動などを頑張らせる「スパルタホーム」の2つがあったとします。

ゆったりホームでは職員がほぼ手伝ってくれるため、入居者の機能が徐々に失われていきます。ここの職員は「入居者が望めば歩行訓練だってすることもできる。本人のやりたい気持ちを尊重するのが自立支援だ」と言っていますが、疲れることを進んでやろうとする入居者はそう多くありません。ただ皆、ニコニコと穏やかに過ごしています。ある入居者は一度、失禁して以来、自分の意思でおむつを着けるようになりました。

一方、スパルタホームではリハビリの時間が来たらマシントレーニングをさせられ、一定量の水を無理やり飲まされ、「おむつゼロ」の目標を達成するためにトイレに長時間座ることを強要され、排尿させられます。職員たちは笑顔を絶やさず入居者Aさんの散歩に付き合っていますが、Aさんは「ハアハア」と息を切らしています。ただ、こうした努力の結果、ある入居者は要介護度が改善したため、もう一度、孫たちと食事会に行くことができました。

さて、皆さんは親御さんにどちらのホームを勧めますか？ あえて極端な例を挙げましたが、こうしたホームは両方とも実在します。ホームによって介護の流儀が全然違うということが理解できたのではないでしょうか。自立支援も、熱心であればよいというものではなく、その中身を把握した上で「合う・合わない」という話になるのです。そして、繰り返しになりますが、子世代が判断するのではなく、可能な限り親御さんの意見を聞いていただきたいと思います。

夫婦部屋は必要か

最初に言っておきます。究極の介護は老老介護、つまり、老夫婦が手を取り合い、お互いにできないところを支援する形です。しかし多くのケースでは、老老介護ができないために老人ホームへの入居を決断します。例えば、今まで夫婦で生活をしてきたけど、片方が認知症になったため、このまま放置していると2人の生活が崩壊してしまう。だから、認知症になった方を老人ホームに入れなければならないという具合です。そして、こうした話の中で、主に子どもの希望で、夫婦2人仲良く老人ホームに入居させようという話になります。

特にアッパーミドルから富裕層にかけては、この傾向が強いのです。しかし夫婦部屋に入った夫婦の末路はというと……。世間であまり語られていないので、私が介護職時代に経験したケースを紹介していきましょう。

Aさんは元キャリア官僚です。認知症を患ったため、妻と一緒に老人ホームに入居し、夫婦部屋で暮らし始めました。夫婦部屋は息子さんの希望でした。入居当初は、献身的に奥様がご主人の面倒を見ていましたが、徐々に、ご主人の認知症が悪化していきます。しかし、Aさん夫妻の希望は、「身の回りのことは自分たちがやるので、自室内では介護職の支援は不要」というものでした。この希望自体は、何ら問題はありません。むしろ立派な方々だと思いました。

しかし、問題は徐々に起きていきます。まず、ご主人は糖尿病を患っており、医師から食事制限を指示されていました。ホームでは糖尿病食を出していましたが、検査のたびに数値が悪化していきます。医師からは、「ホームの食事管理が行き届いていないのではないか」と疑いの目を向けられました。

理由は容易に判明しました。奥様が自室内でご主人に大量のお菓子を与えていたのです。これでは、糖尿病食の意味がありません。すぐに奥様に注意したのですが、全く耳を貸しませんでした。困ってご家族に事情を話しても、「母の好きなようにさせてほしい」と言われるだけです。主治医からは「私の生活指導を守れないなら、もう主治医を辞める」と言われました。主治医やご家族は、老人ホーム側、つまり介護職たちがだらしないから奥様の行為を止められないのだと言い出すありさまでした。

その後しばらくして、入浴時にご主人の身体に異変があることに介護職が気づきます。腕や背中にあざがあったのです。報告を受けた看護師が確認した結果、「虐待があるのではないか」という疑いが出てきました。しかし日中、奥様はそんなそぶりを全く見せません。

数週間後、深夜に夜勤の職員たちがAさんの居室に踏み込んだところ、認知症のご主人を床に正座させ、奥様が掃除用のほうきで叩いているところに出くわしました。看護師の勘は当たったのです。後日、落ち着いて奥様から話を聞いたところ、奥様は長年、ご主人の浮気に悩まされていたといいます。夫には外に長年連れ添っている愛人がいて、認知している子どもまでいるそうです。一緒に老人ホームに入居したのは、愛人に会わないように監視するためだったのです。自分が生きている間は、意地でもご主人を渡さないという行動だったわけです。こうした気持ちを知っていた息子が協力して、夫婦部屋を選んだということでした。ご主人に対しては、「糖尿病が悪化して足の1本でもなくなればいいと思っていた」とも言います。

話し合いの末、ご主人と奥様は違うフロアに別々に入居し直すことになりました。1年後、奥様も認知症を発症しました。しばらくすると、ホーム内の行事などでお互い顔を合わせても、他人のような振る舞いしかしません。しかし、奥様の口癖は、亡くなったご主人(実は生きています)が、いかに女にだらしなかったかということでした。ホームの自室の窓から見える青い屋根の家が「愛人の家だ」と主張し、暇さえあれば窓越しに青い屋根の家を眺めていました。

夫婦部屋の契約時に確認したいこと

夫婦部屋を用意している老人ホームは少数派です。理由は、介護をする側から見た場合、1人部屋で1人を相手に介護した方がやりやすいからです。ただ、夫婦部屋を作るとそこから入居申し込みが入ることも事実で、一定の人気はあります。

前述のケースのように、夫婦部屋に入った夫婦が何らかのトラブルで1人部屋に入り直すことはよくあります。夫婦部屋の多くは寝室とリビングの2部屋ぐらいしかなく、一般的な自宅より狭いのもトラブルが起きやすい原因でしょう。そのため、夫婦部屋を最初からコネクティングルーム（2部屋をつなげて間のドアを撤去することで夫婦部屋にしている部屋）にして、いつでも仕切れるようにしているホームも目立ちます。また、1人部屋に住み替えるときにどれぐらいの追加料金がかかるのか、確認しておくことも大事です。

また、次のことにも注意してください。夫婦間でトラブルがあった場合、関係者の多くは介護職がしっかりしていれば解決できるはずだと考えますが、それは絶対に無理です。むしろ介護職は家族のトラブルには極力立ち入らないようにして、子世代に相談するという行動を取るはずです。家族のトラブルは家族が解決しないといけないのです。

私は先ほど、老老介護は究極の介護だと述べました。その心は、いかに年を取った夫婦がお互いのことを気遣い、手を取り合って、相手のできないことをやってあげるという行為が難しいかを知っているからです。極めて無礼な話かもしれませんが、老老介護のことを考えていると、自然と上皇上皇后両陛下の姿が目に浮かびます。長い年月の中で、様々な困難をお二人で力を合わせて乗り越えてきた経験の上に今のお姿があるのではないでしょうか。

■ 冷静に振り返りたい親のニーズ

- ▷24時間看護師常駐は必要か
- ▷「最後までいられる」ことがメリットになるか
- ▷今も本当にお風呂が好きなのか
- ▷食へのこだわりは強いか。ホームは柔軟に対応してくれそうか
- ▷本当に要介護度を改善させたいのか(自立支援の程度)
- ▷夫婦部屋に入る必要はあるか

◆ ◆ ◆

ここまで読んでいただいた皆さんは、どうしても譲れない条件が見つかったでしょうか。

様々なホームの特徴や売り文句を見て、当初は「あれもこれも」と心が引かれていたはずですが、冷静にニーズを絞り込む作業が必要だということをご理解いただけたかと思います。

また、ウェブサイトに載っている情報だけでは不十分だということに気づかれたのではないでしょうか。追加でホームに確認したい項目が幾つか出てきているはずです。思いついた質問項目をオリジナルの「ホーム一覧表」にメモしていってください。

私が考える最も重要な「老人ホームを選ぶ条件」は次のチャプターで紹介します。

結論！親に合うホームはこう探す

ホームの最終候補を決める前に…

ひとまずこのチャプターで、本書の一つの結論を述べます。

老人ホームを探すステップとして、ここまで皆さんには、①地域を選び、②その地域の老人ホームをピックアップし、③ホームの特徴をリストアップして、④本当にその特徴が親のニーズに合うのか検証して候補を絞り込む——という4段階を踏んでもらいました。次はついに「絞り込んだ候補の中から、契約を検討するホームを選ぶ」という工程です。契約時に先方の説明の中で疑わしい点があれば、改めて別の候補に当たる必要があるので、現時点のベスト1、2ぐらいを決めましょう。

その前に確認です。今のホーム一覧表のリストの中に、入居先の候補は残っているでしょうか。「ない」という方もいらっしゃるのではないでしょうか。ずばり聞きますが、それは料金が大きなネックになっていませんか。

この「お金」というのは、老人ホームを絞り込む場合、物理的にどうしても外せない条件となります。どんなに素晴らしいホームだと思っても、しかるべき料金を支払えなければ、有無を言わさず候補外になってしまうのです。

私がよく、「高齢者介護とはお金の話」「介護の沙汰も金次第」と述べているのは、このことからです。老人ホームに関しては、その〝質〟を構成する多くの部分が、お金を払えば何とかなるものです。しかも、「予算から月数万円オーバー」といったわずかな差で、「良さそうだ」と感じたホームへの入居を諦めている人が多いのです。

探すエリアを変える選択もある

ただ、希望は2つあります。

1つ目は、介護にかかるお金を把握し直すことです。詳しい説明は3章に譲りますが、多くの人は介護にかかるお金、特に「長生きした場合にお金が足りなくなるリスク」を過大評価しています。ここを冷静に計算し直したり、うまく制度を活用することで、今、あなたが思っている予算より月数万円ぐらいは多く出せる余地があるかもしれません。

2つ目は、探すエリアを見直すことです。老人ホーム紹介センターでも、相談者が様々な老人ホームを検討していく過程で、「もう少し郊外のホームにします」という展開になることが少なくありません。むしろ必然だと考えています。

老人ホーム事業は不動産事業の側面もあるので、地方になれば価格は随分安くなります。その上で、職員の介護技術は地方に行っても落ちないのが介護業界の面白いところです。むしろ、地方は他業種を含めた企業間の人材の奪い合いが少ないので、地方に行けば行くほど、高い能力を持つ職員が介護現場に多くいる可能性が高いと私は考えています（都市部に優秀な職員がいないということではありません。念のため）。

もちろん、「住み慣れた場所の近くの老人ホームに入りたい」と希望する人はたくさんいます。もし親御さんにそう言われたら、その理由を聞いてみてください。子どもに頻繁に顔を出してもらいたいのかもしれません。もしくは、ホームに入った後もたまに外出して、地元のなじみの景色を見たり、行きつけのレストランに顔を出したいのかもしれません。「市名が変わるのが都落ちのようで嫌だ」と思っている人もいるでしょう。

また、子どもの頃の記憶を別の入居者と共有したいと漠然と思っている人もいます。

これは私が以前聞いて、なるほどと思った話ですが、その昔、一念発起して米国に渡り、米国人として長年暮らしてきた日本人高齢者がいました。ご主人と死に別れ、子どもたちも独立したので米国の老人ホームに入居したそうです。しかし、程なく老人ホームを退居しました。その理由は「幼少期の体験を共有できなかったから」だったのです。

老人ホーム内では、多くの高齢者が幼少期の話に花を咲かせています。「私が女学校に行っていた頃……」「戦後の混乱期は……」「自分たちの親の世代は……」など様々です。少なくとも、直近の経済事情や政治の話を積極的に話し合っている人はいません。この方は、米国の老人ホームで入居者と幼少期の話ができず、孤立感を抱いて退居を決断したのです。「日本に帰りたい」とも言っていました。余談ですが、私はこの話を聞くにつけ、各県人会が深く関わる都道府県別の老人ホームが東京や大阪などにあってもよいのではないかと真剣に思っています。

子どもの頃の記憶を共有するのであれば、親の地元の老人ホームに入居させるという選択もあるでしょう。老人ホームに入った後、そこで何をしたいのかを具体的に聞くことで、老人ホームを探すエリアを再考する可能性が見えてきます。

ホーム選びは「流儀」が合うかどうか

それでは、本題である「候補の中からホームの最終順位を付けていく」作業について述べていきます。

これまで、随所で私の考えを述べてきましたが、ホーム選びの究極の条件は、入居者と老人ホームとの相性です。「介護には流儀・流派がある」。これは私の持論です。私は介護業界に身を置いたときから、この流儀の存在に着目してきました。要するに、「良い・悪い・正しく・正しくない」ではなく、「ああ、自分もこういう介護をするだろうな」「こういう介護をしてくれたらうれしいだろうな」といった、自身の介護流儀と同じ流派のホームであることが重要なのです。

この部分が老人ホームの選び方の真骨頂です。「良い老人ホームを選びたい」「損をしない老人ホームを選びたい」という話を、私は仕事柄、多くいただきます。そして相談に来られる方の大半は、看護師の数やリハビリ職員の配置など、老人ホームのスペックで比較検討したがります。最近では「介護職の中に、介護福祉士という国家資格を持つ人が何人いるのか」「介護職の勤続年数は平均何年か」といった指標でホームの質を評価できると主張している人たちが、老人ホームの専門家の中にも多く存在しています。このようなスペックの違いは、確かに比較しやすく、分かりやすいものです。

しかし、老人ホームは病院ではありません。これらのスペック重視の考え方は、私に言わせると、病院評価の方法論から来ています。確かに病院では、「高度なオペを年間何件やっている」「最新鋭の設備がある」という事実が、質の判断基準になります。理由は、病気やけがを治すためには技術が重要だからです。普通の人が通りすがりでオペをすることはできません。

一方、老人ホームは入居者や家族の課題を専門的に解決する場所ではなく、生活の「お手伝いをする」ところです。そして、介護は多かれ少なかれ、誰しもがやること・やれることです。制度の理解や、腰を痛めずに高齢者を持ち上げる方法などの専門知識は確かにありますが、介護で一番大切なのは入居者に「寄り添う」部分です。それは誰でもできることです。

さらに言えば、親御さんがなじんでいる介護の担い手は、子世代であるあなたです。つまり、子世代のあなたが気に入った介護流儀は、親御さんも気に入るはずだと私は考えています。

では、あなたや親御さんが気に入る介護流儀を探すにはどうしたらいいのでしょうか。

1つ目の方法は、絞り込んだホームの見学に行き、介護職を観察したり、ホームの担当者から様々な話を聞いたりすることです。自力で探す場合はこの方法が王道です。これについては、164ページの「施設見学」の部分でも紹介します。

なお、自分の力だけでホームを探す場合は、相談相手がいないため、考えの整理ができないところが弱点になります。そんなときにこそ、本書を何度も読み返してくだ

さい。特に、前のチャプターの「親のニーズをどう洗い出す？ 譲れないものは何か？」（104ページ）は、ホーム担当者のパンフレットや営業トークを聞いた後、あなたに冷静さを取り戻していただくために話し相手になるべく書いた箇所です。大事なことなので何度も述べますが、介護の質を決めるのはスペックではありません。ホームで行われている介護が親御さんに合うかどうかです。その上で、その介護を実現するための「看護師や介護職の配置人数」などのスペックをお金で買うのです。

2つ目は、より時間がない場合の方法です。それは、地域の数多くのホームを知っている紹介者を利用することです。病院の地域連携室の職員やケアマネジャー、老人ホーム紹介センターなど、ルートは様々ありますが、彼らが紹介する候補に加え、自身でリストアップした候補も含めて、評価してもらうのです。この後のチャプターで各紹介ルートの人がどういった「バイアス（偏見）」を持っているのかを述べますので、それを加味した上で決断してください。

この方法を実践する上で大切なのは、相談する相手があなたの気持ちや立場をしっかりと理解してくれているかどうかを観察することです。「価値観が同じ」「物事の考え方が似ている」「自分と違う見方をしているけど、何となく尊敬できる」「うなずけることが多々ある」など、リスペクトとまではいかなくても、シンパシーを感じる存在であるかどうかが重要なのです。シンパシーを感じられる人が「ここはあなたの親御さんに合っている」と紹介するホームであれば、多くの場合、失敗しません。

老人ホーム選びは、人生のパートナー選びと似ていると思います。自分と相手の気持ちが一致するとき、そこには合理的、理論的に辻褄の合う話ではなく、極めて情緒的なことが大半を占めているはずです。一緒にいると安心できる、ほっとする、同じ人生を歩んでいきたいといった感情です。老人ホーム選びも最終的には、この感情で選ぶべきものです。自分の力で探してもいいですし、余裕がなければ気の合う人から紹介を受けるのも手だということです。

老人ホームの限界と、重要な家族の支え

ただ、こう言っては何ですが、いくらその介護流儀にシンパシーを感じたとしても、所詮、提供している介護職は「他人」です。お金をもらって、それに見合ったサービスを提供する存在です。これだけは忘れないでいただきたいと思います。

老人ホームの職員に対して「自分と同じ気持ちで自分の親に接してほしい」と要求する人がたまにいますが、それは無理な話です。ここまで介護職に期待してしまうと、「合うホーム」は絶対に見つかりません。また、家族間や親族間で解決できない問題は、ホームでも解決できません。例えば、相続問題も含めた子世代の争いを親に代わって仲裁してほしいとか、親子仲を

改善してほしいとか、そんなことをお願いされても、職員は何もできないのです。笑い話ではなく、本当にこうした要求は多くて、入居者も空気を察してつらい思いを抱えながらホームで暮らすことになります。この点で言えば、天涯孤独な入居者の方がさっぱりと生活できています。

ただし、次のようなケースでは、老人ホームを効果的に活用できるかもしれません。それは、子どもたちが高齢の親の存在に嫌気が差してしまったケースです。ついつい、親に怒鳴ってしまったり、暴力を振るってしまったり……。このような場合は、第三者である老人ホームに親を任せてみることに一定の効果があると思います。

老人ホーム紹介センターでの私の経験で、今でも忘れられない話を紹介します。ある富裕層の相談者がいました。その方は、地方に1人で生活している母親を東京の自宅に引き取る決断をしました。それまでは、毎月1回、自分や子どもたちが、生活の様子を見に母親の自宅を訪問していたのです。この母親は要介護状態ではありませんでしたが、1人で家を管理するのは困難だと判断したようです。

東京の自宅に引き取ってから、母親の様子が急変していきます。今まで自分のことは、多少おぼつかなくても自分でできたのに、急に何もできなくなってしまったのです。排せつに失敗したり、食事を何度も摂ったりと、認知症状が出現してきたそうです。

ここまでは、決して珍しい話ではありません。極めてありきたりな話です。私が今でも忘れられないのは、その相談者の母親を老人ホームへ入居させる動機でした。「私の子ども（つまり入居者の孫）が、母を嫌いにならないうちに老人ホームへ入居させる」。これが最大の理由でした。つまり、今まで家族内で尊敬されていた「おばあちゃん」の立場が失墜する危機にあったのです。「このままの状態が続くと、母がもし老人ホームに入っても、子どもたちは面会に行ってくれないだろう」。こう話していました。

もしかすると、彼女の話す「子ども」というのは、自分自身のことだったのかもしれません。立派な母親、尊敬している母親が厄介者になるのは「私が耐えられない」という感情です。

老人ホームは家族の代わりにはなれませんが、高齢の親御さんの生活をお手伝いすることで家族仲を維持することは可能です。その生活時間を快適に過ごせるように、親御さんに合ったホームを探してください。その上で、親御さんの人生最終盤をより良いものにするには、家族の皆さんの支えがどうしても欠かせないということを心に留めておいてください。

chapter

老人ホームの紹介ルートをどう生かす？

口コミは「客観フィルター」をかける

老人ホームを探す場合、自力で探すほかに「友人・知人の口コミを頼りにする」「担当ケアマネジャーに相談する」「入院先の病院に相談する」「老人ホーム紹介センターを利用する」などの方法があります。本チャプターでは、この紹介ルートについて話を進めていきます。

最初に、少しだけ友人・知人の口コミについて話をします。例えば、ご近所付き合いをしている奥さんの親御さんが入っているホームについて、その奥さんから評価を聞くようなシチュエーションです。

結論から言えば、この口コミは、はっきり言って相当アテにならない情報です。何度も言うように、介護には流儀・流派があります。「Aホームが良かった」というのは、その近所の奥さんと親御さんに「合った」というだけです。「Bホームはご飯がまずい」という評価は、その人の口に合わなかっただけです。あなたの親御さんには合うかもしれません。

老人ホーム選びは、ご自身の予算の範囲内で、合う介護流派のホームを探すことなので、友人・知人の主観的な意見に左右されることは避けなければなりません。必ず、自分で確認することが大事なのです。付け加えるなら、口コミの中でも「客観的な情報」であれば受け入れてもいいと思います。例えば、こんな口コミはどうでしょう。

「あのホームでは、たまにお寿司の職人が来て入居者の好みに応じて握ってくださるイベントがあるんだけど、ネタの種類も少ないし、味も淡泊で、母はがっかりしていたわ」

ここで得られる客観情報は「イベントで寿司職人がたまに来る」ということだけです。ネタの種類が少ないかどうか、味がどうかといった点は主観的な評価ですので無視できます。ホームの口コミを聞いた場合は、この客観的な情報だけを抽出することをお勧めします。

ケアマネジャーにホームの相談をすると…

これまで自宅で親御さんの介護をされていた方には、担当のケアマネジャーさんがいるはずです。このケアマネジャーさんにホームへの入居を相談すると、どういったことが起きるのでしょうか。

まず押さえておいてほしいのは次の内容です。

ケアマネジャーは介護のプロです。しかし、老人ホームのプロではないことがあります。

ここに注意しなくてはなりません。ケアマネジャーになるためには、資格試験で合格する必要があります。さらに受験資格を得るためには一定期間、介護福祉士や社会福祉士としての実務の経験が必要ですが、必ずしも老人ホームでの勤務経験が求められているわけではありません。つまり、ケアマネジャーの中にはホームで働いた経験がない人もいるのです。もっと言うと、ホームで働いた経験を持つケアマネジャーは少数派です。

先にホームのことをよく知っている「少数派のケアマネジャー」について書きましょう。老人ホームで働いた経験がある人（もしくは老人ホームについて熱心に勉強した〝珍しい人〟）であれば、親御さんがホームに入るメリット・デメリットを、正直に解説してくれるはずです。ここまでの過程で、あなたが絞り込んだホームの候補をぶつけてみてください。近隣のホームであれば、そこで行われている介護についても一通り知っているはずですので、適切なアドバイスをしてくれるでしょう。前のチャプターで述べましたが、あとはこのケアマネジャーさんが、あなたの気持ちや立場をしっかりと理解してくれているかどうか、シンパシーを感じる存在であるかどうかが重要です。あなたと気の合う存在のケアマネジャーさんであれば、その方が勧めるホームは、非常に有力な候補になるはずです。

「ホームを知らないケアマネ」の4つの行動パターン

では、老人ホームの内情を知らない「多数派のケアマネジャー」に当たってしまった場合は、どうすればよいのでしょう。こうしたケアマネジャーが利用者から老人ホームの相談を受けたときの行動パターンは4つぐらいに分けられます。

1つ目は老人ホームの知識がないことを素直に認めて、老人ホーム紹介センターを利用するよう促すパターンです。これは話が前に進むので、まだいいでしょう。

2つ目は知ったかぶりをするパターンです。主に、老人ホームの営業担当者からの受け売り情報を伝えてきます。ホームの営業担当者はケアマネジャーが一つの入居者獲得ルートだと知っているので、パンフレットを持ってケアマネジャーの事務所に行き、「いいお客さんを紹介してください」と営業して回っています。この情報を検証せずに、そのまま相談者に「ここが良いみたいですよ」などと勧める人もいます。こうなると、口コミと大差ないレベルです。

3つ目は、老人ホームといえば「特別養護老人ホーム」だと決め込んでいるパターンです。特に、昔から介護業界に身を置いているケアマネジャーは、もともと老人ホームといえば特養しかない中で介護と向き合ってきたため、こうした思考が強く出てしまいがちです。中には、「介護は民間企業ではダメ。やっぱり、社会福祉法人が運営している特養が一番」という思想が抜けないような方もいます。こうしたケアマネジャーには「民間のホームも含めて、合うところを探しているのです」と念押ししてください。それでも特養しか眼中にないようであれば、諦めて別のルートからホームを探すことをお勧めします。

老人ホームに入ることは「残念」か

4つ目は、これが最も多いような気がしますが、「今の状況のどこに問題があるのですか？」と聞くなどして、在宅介護を続ける方法を模索するパターンです。

この行動には理由があります。ケアマネジャーの使命は、自宅での介護をできるだけ続けられるようにケアプランを組むことです。多くのケアマネジャーにとって、担当する高齢者が自宅での介護を断念し、老人ホームに入るのは分かりやすく言えば「敗北」なのです。特に、在宅介護一筋でやってきたケアマネジャーは、このように考える傾向があります。

従って、利用者が老人ホームに入ることになると、「自分が作成したケアプランが不十分だった」「力不足で申し訳ない」と考えます。「老人ホームに入居しなければならなくなって、とても残念ですね」と自分の非力さを真剣に詫びるようなケアマネジャーだって少なくありません。

でも、これって本当に残念なことなのでしょうか。ケアマネジャーのこうした気持ちの背景には、家族や本人にとって、自宅で介護を続け、自宅で死ぬことが「最高の選択だ」という思考の刷り込みがあるのだと思います。本書をお読みの皆さんの中にも、親御さんを老人ホームに入れることに対し、「かわいそうだ」「気の毒に」という後ろめたい気持ちを持っている方がいらっしゃるのではないでしょうか。

少し話がそれますが、大事なことなので書きます。

国は確かに、医療費を引き下げるために「死に場所を病院ではなく在宅に移行する」というキャンペーンを続けています。しかし、これに関する各種政策を見ると、この「在宅」の範囲には自宅だけでなく、老人ホームや介護施設が含まれているのは明白です。最近は、生産年齢人口（15～64歳）の急激な減少を受けて、「介護離職ゼロ（親の介護に追われて、会社を辞める人をゼロにする）」という施策を打ち出し、特別養護老人ホームを増やそうとしているぐらいです。

高齢者の介護によって現役世代が共倒れしないためにも、老人ホームに入居させるという選択肢は、決して敗北でも気の毒なことでもありません。距離を置くことで家族仲が改善するのであれば、親孝行にもなります。また、「人の目が届くところで生活した方が、いざというとき周囲に迷惑をかけないので安心だ」と思う人もいるはずです。近年、立て続けに発生している大規模災害を受け、こうした気持ちになった人は増えているのではないでしょうか。状況に応じて、自宅を引っ越すような感覚で老人ホームを使ってほしいのです。

「在宅介護の方がホームより安い」わけではない

「お金」の面でも、老人ホームに対して根強い誤解があります。それは、「老人ホームは在宅介護と比べてお金がかかる」というものです。実は、在宅介護よりホームの方が安上がりなことがあります。もちろん、高級ホームは別ですが。

例えば、自宅で高齢の親と同居している場合は、国の決まりで、訪問介護の「生活援助」（掃除、洗濯、買い物など）を介護保険で利用することが原則、できません。必要なら「介護保険外サービス」として、自費の家事代行サービスを頼むしかありません。これは1回2時間で7000円ほどかかるので、月の半分の15日使うだけで10万円を超えます。食費だって宅配弁当にすれば1食400～600円かかります。また、自宅用の見守りセンサーを導入するとさらに月数千円かかります。

これに、子世代のあなたが親の介護から解放された際に増える収入も加味すれば、お金の面でも老人ホームに軍配が上がることが少なくないのです。ケアマネジャーは介護保険のプロで

■ 自宅介護でかかるお金の目安

（同居家族あり、要介護2、1割負担の場合。 医療費やその他生活費は含んでいない）

水道光熱費：
月1万円

見守りサービス：
月2000円

食費：
月3万6000円
（1日1200円とした場合）

介護費用（訪問ヘルパー、デイサービスなど）の自己負担分：
月1万円

家事代行サービス（自費で15日×2時間）：
月10万円

福祉用具貸与の自己負担分：月2000円

住宅改修の自己負担分：年1万5000円

すが、家計の全体像までは把握していません。いまだに「自宅があるなら、老人ホームなどには行かずに、自宅で介護を受け続けた方が経済的だ」と信じ込んでいる人がいるのです。

老人ホーム紹介センターの職員という私の立場上、意見にどうしてもバイアスがかかっているとは思いますが、老人ホームに入るのは決して気の毒でも残念でもありませんし、家計的にも十分に検討すべき選択肢です。本書ではそういう立場で進めていきます。

ホーム入居はお客さんを失うということ

ケアマネジャーにとって、老人ホームへの入居が「敗北」につながる理由は、彼らの収入面でも説明できます。利用者が老人ホームに入ると、多くの場合、ケアマネジャーを変更することになります。つまり、お客さんを1人失うわけです。

ケアマネジャーは、要介護者のケアプランを1人分作成すると、月額1万円強の介護報酬を国から受け取ります。つまり、利用者が1人減ると約1万円の減収になるのです。さらに、ケアマネジャーが所属する事業者が訪問介護や通所介護も提供しているとします。ケアプランでこれら事業者のサービスを使うようにしていた場合は、その売り上げも減ることになります。事業者の運営する老人ホームにうまく紹介できれば別ですが、ケアマネジャーにとって、自らの利用者がホームに入居するということは、経営上、良いことがほとんどないのです。

話をまとめます。十分な理解のあるケアマネジャーであれば、ホーム探しの良き相談相手になりますが、多くの人は老人ホームに対して、ネガティブな思いをベースに抱えています。

先ほど、老人ホームにそこまで詳しくないケアマネジャーの4つの行動パターンを紹介しました。これらの兆候が見えたら、「老人ホームそのものにあまり良い印象を抱いていないのだな」と察知し、自力もしくは別のルートで探すことを検討するとよいでしょう。

最後にケアマネジャーの名誉のために付け加えます。彼らは、とても勉強熱心な人たちです。たくさん勉強して幾つもの研修を受けないと資格取得や更新ができません。

ただ、彼らは毎月、30～40人の利用者宅に訪問しなくてはいけません。さらに、自身が提案した介護サービスが適切に運用されているかを全員分確認しています。介護職の中でも極めて課せられた業務量が多く、忙しい日々を送っているのです。夜中、彼らの下に電話をかけて不安を訴えてくる利用者も少なくないと聞きます。そんな中、老人ホームの詳細まで勉強して、理解を深めるのは現実的にとても難しいのです。

入院先の病院で相談すると何が起きるか

親御さんが入院している場合を考えます。退院先として自宅という選択肢がなくなり、老人ホームを探さないといけない状態だとしたら、「選択までのタイムリミットがかなり迫ってきている」と考えなくてはなりません。

一定規模以上の病院では、ＭＳＷ（メディカル・ソーシャルワーカー）と呼ばれる専門スタッフが退院調整をします。退院日が近づくと、ＭＳＷに家族が呼び出され、本人の状態と自宅の生活環境を確認された上で、「どこに退院するか」をしつこく聞かれます。時には入院初日に「この病気なら退院日は○日だから、△日までに退院先を考えておくように」と告げられたりします。

病院側の都合を言えば、治療が終わった患者さんはできるだけ早く退院してもらわないといけません。これにはもちろん、病院経営上の都合があります。病院は手術や処置などの治療を行わないと収入が増えず、患者をベッドでただ寝かせておくだけでは赤字になります。大きな急性期の病院では、おおむね入院2週間を過ぎたあたりが損益分岐点になります。なお、私の知人の病院コンサルタントに言わせると、病院の約半分は赤字だそうです。「患者を助けたい」という気持ちと「もうからない患者は診たくない」という気持ちで揺れているのが病院の実情です。

自宅で親御さんと同居している場合は、多少状態が悪くても退院できるかもしれませんが、独居や老老介護の場合はそう簡単にはいきません。自宅に退院できないのであれば、それに代わる受け入れ施設を探すことになります。

まず、老人ホームではない選択肢としては、違う病院（地域包括ケア病棟のある病院や回復期リハビリテーション病院、慢性期病院）に転院する方法があります。ただ、疾患や状態によっては転院先から受け入れを拒否されるので、思い通りに転院できるわけではありません。

他には、介護老人保健施設（老健施設）に3～6カ月間入るという手があります。老健施設というのは病院からすぐに自宅復帰できない人のための施設ですので、将来的に自宅に帰ることを前提にしているのであれば、相談に乗ってくれるでしょう。

病院の系列ホームに短期間入居する選択

それもダメなら、有料老人ホームやグループホームなどに入居するという選択肢が浮上してきます。老人ホーム紹介センターに相談するよう勧めてくる病院も多いようです。

また、病院が自前で近隣ホームのリストを作成し、患者に選択させるところもあります。その場合、「24時間看護師常駐」などの医療体制が充実したホームしかリストアップされていない可能性があるので注意してください。こうしたホームは入居者を獲得するため、病院に積極的に営業部隊を派遣しています。一方、病院側も「医療体制は手厚い方が良い」という極めて病院的な考え方を老人ホームにも当てはめ、患者に強く勧める傾向にあることから、こうしたことが起きています。「本当に医療体制が充実している必要があるか」ということについては、前の106ページ以降をお読みいただいた上で冷静に判断してください。

最近の傾向としては、病院を経営する医療法人が敷地内などに老人ホームを自前で作り、退院先がない人に対して、その系列ホームへの入居を促すケースが目立ち始めています。病院にとっては退院先の確保が経営の肝ですので、「自分で退院先を作ってしまえ」という発想から病院系列のホームが増えているわけです。この病院系列のホームは、退院先として「迷わなくていいから便利だ」と言ってしまえばそれまでですが、本書のタイトルにもある「親を大切に考える子世代」としては、立ち止まって考えなければならない場面でもあります。

理由は、何度も言うように、その医療法人が経営している老人ホームが親の介護観、つまり介護流儀にマッチしているか分からないからです。医療体制が必要以上に充実し過ぎている可能性もあります。「それは偏見だ」と言われれば返す言葉はありませんが、私は、医療法人が退院先確保のために整備した老人ホームは、入居者を「患者」と考える傾向にあるため、生活感に乏しい、無機質な介護が行われることが多いように感じています。つまり、介護施設ではなく、あくまで病院という感覚で運営しているのです。もちろん、こうした扱いの方が「合う」という人もいると思います。

ただ正直言って、退院前のバタバタしたタイミングで他のホームと比較検討して「合う・合わない」を評価する暇はないかもしれません。よって、もし退院先が見つからなければ、一旦こうしたホームに入るのは現実的な選択だと思います。ただ、合わないと思ったら、すぐに引っ越す選択肢を持っておくというのが大事ではないでしょうか。つまり、並行して別の老人ホームも探し始めておくということです。

老人ホーム紹介センターの効果的な使い方

世の中には「老人ホーム紹介センター」なるところがたくさんあります。特に、首都圏や近畿圏には、合わせて数百という紹介センターがあります。かく言う私も、紹介センターの経営に携わっている1人です。ホームに関する専門知識を短期間で学ぶのは難しいので、このような紹介センターを活用することは効果的だと考えますが、次のことに注意してください。それは、「ホーム探しを丸投げしない」ということです。

正直に申し上げると、老人ホーム紹介センターの立場では、全部お任せしてくれる人からの相談の方が楽です。なぜなら、こういうお客さんに対しては、予算と場所を聞いてホームを絞り込み、ヒットしたホームを提案して一丁上がりだからです。しかし、それでは紹介センターを全然活用できていません。

老人ホーム紹介センターの最大の活用ポイントは、相談員と会話することで、老人ホームに対する自らの考えを整理するところにあります。紹介センターでは、自分たちの老人ホームに対する希望や意見を相談員に伝えます。相談員から時には否定され、時には同意をもらいながら、徐々にホームに対する考え方を固めていきます。このプロセスこそがミスマッチを防ぐために最も大事であり、そのための話し相手として、紹介センターの相談員が存在しているといっても過言ではないのです。

老人ホームについて「初心者だ」と自覚する皆さんは、必ず一度、専門家と老人ホームについて意見交換をする機会を持つべきだと私は考えています。

気の合う相談員を探す

紹介センターでは、相談員が老人ホームに対するあなたの希望を聞いてきます。それこそ、「何で老人ホームへの入居を検討し始めたのか」という背景から、「親御さんの性格」「親御さんはホームに何を期待しているか」「介護のときに気をつけていたこと」など様々なことを聞いてくるはずです。もちろん、予算、エリア、要介護度や必要な医療処置などの基本情報も聞きますが、それは最初にシートに記入してもらって目を通すぐらいで、時間を割いて聞くのは、入居希望者の性格や趣味嗜好の部分です。そのときに、家族側が思いを熱心に伝えてくれれば、相談員は「頑張って、この人に合うホームを探そう」と力が入るはずです。

この話し合いによって論点が整理されていき、最終的に相談員が2、3の入居先候補を絞り込んで提案します。

さて、この際、どういったロジックで候補が絞り込まれると思いますか？

実は、明確なロジックはありません。予算やエリア、医療処置の必要性などで機械的に絞り込んだ後、相談員が各自、好きなホームを2、3施設選んで提案しているのです。

誤解のないように説明しますが、この「相談員が好きか嫌いか」という基準は、正しい評価軸だと思っています。介護の世界には流派があります。これが私の持論です。そしてこの流派には、個人的に好きか嫌いかが存在しています。相談員にも、今までの経験の中で「Aホームは好き」「B社は嫌い」という感情が生まれています。そして、当たり前の話ですが、自分が嫌いなホームや会社を紹介することに対して、多くの心ある相談員は嫌がります。万が一、家族側がパンフレットなどを読んで気に入っているホームであっても、相談員はそのホームに対してネガティブな感情を抱いていることを主張するでしょう。

「相談員の好き嫌いで紹介をするのはいかがなものか」と考える方もいらっしゃると思います。ただ、老人ホーム紹介センターの運営に長年関わってきた経験上、実はこれが入居者とホームのミスマッチを防ぐ一番の方法だったのです。

老人ホームは入居者が日常生活を送る場ですので、それこそ重要なのは「このホームが好きか嫌いか、居心地が良いか悪いか」という情緒的な評価なのです。

また、ここで重視すべきなのは、家族側と相談員との相性です。相談員が気に入っているホームを家族側も気に入るためには、相談員が気の合う人でないといけません。そこで、（少なくともうちの老人ホーム紹介センターでは）家族側の希望で相談員をいつでも変更できるシステムにしています。何回か相談を重ねる過程で、あなたの気持ちや立場をしっかりと理解してくれ、あなたがシンパシーを感じる相談員を探す作業をしてもらうのです。

紹介センターの不都合な話「手数料」

最後に、老人ホーム紹介センターにとって、やや不都合な話をします。

多くの対面型紹介センターでは、入居相談をする家族側から金銭を受け取っていません。紹介センターの主な収入源は、老人ホームからの紹介手数料（業務委託手数料）です。これは、センターからホームに紹介した入居希望者が、入居契約をした場合に限って、紹介先のホームから支払われる成功報酬型の費用です。

ちなみに、対面型の紹介センターとは、紹介センターの入居相談員と対面方式で面談を行うところです。最近はインターネットの「老人ホーム紹介サイト」が増えてきました。こういうサイトも家族側の利用料は無料です。サイトの主な収入は、検索順位の上位に指定のホームを出すための広告費に加えて、サイトを通じて資料請求があった場合の報酬です。

対面型の紹介センターの手数料額は、首都圏の場合、1成約当たり30万円程度だと思っていただければよいでしょう。地方に行くほど、この手数料は下がっていきます。

さらに、老人ホーム側の都合でこの手数料額が期間限定で積み増されるケースもあります。例えば「決算月なので空室を埋めたい」「ライバルホームが近くで新規開設を控えているので、それまでに空室を埋めたい」など、理由は様々です。

そうなると、こうした疑念も出てくるのではないでしょうか。

「老人ホーム紹介センターは、手数料が高いホームしか紹介してくれないのではないか」
「本当に相談内容に合ったホームを紹介してくれるのか」

経済合理的な観点からは、ごもっともな指摘です。確かに、紹介センターの経営陣の立場で言えば、相談員が手数料を意識して、手数料の高いホームだけを紹介してくれれば、紹介センターというのはもうかる商売です。現に、多くの紹介センターの経営陣は、所属する相談員に手数料の存在を意識させようと努力しています。相談員の給料を歩合給にしているところも少なくなく、手数料が高いホームに入居させた方が相談員の給料が上がるところもあります。

これは利益を追求しなくてはならない民間企業としては当然の話です。やり方としても、街中にある「保険の相談窓口」や不動産紹介業者などと同じでしょう。決して珍しいスキームではありません。

ただ現実的には、こうした業者と同じようにいかないのが老人ホーム紹介センターの特徴です。一部の高額歩合制で仕事をしている相談員は別として、多くの相談員は、入居希望者や家族の話を聞きながら、そのときは相談者の立場を最優先して考えています。介護系ビジネス全体に言えますが、どこかで収益を無視して、福祉の観点から、人助けをすることにやりがいを感じてホーム探しをお手伝いする相談員が多いのがその理由だと思っています。

実際、私の周りの相談員を見ていても、必ずしも手数料額の高いホームばかりを紹介しているわけではありません。むしろ手数料の額はほとんど意識されておらず、経営側として、「もう少し意識してほしい」と内心思っているぐらいです。

■ 老人ホームの各種紹介ルートと特性

▷友人・知人の口コミ

「私の親が喜んだ／ひどい目にあった」といった口コミはアテにならないので注意。客観的な情報だけ抽出しながら聞く

▷ケアマネジャー

介護のプロで勉強熱心だが、老人ホームの勤務経験があるとは限らず、内情を知らないことがある。また、老人ホームにネガティブな思いがある場合も。自宅介護を送る上での課題などを話し合う分には、良き相談相手になる

▷病院の地域連携室

「退院先を確保したい」という病院側の思惑があるため、親身に相談に乗ってくれる。医療体制を過度に重視してホームを紹介してくることがあるので、冷静に親のニーズと合っているか見極める必要あり

▷老人ホーム紹介センター

紹介先のホームに入居すると成功報酬を得る業態のため、多少のバイアスはかかっているが、相談過程で老人ホームに関する自身の考えを整理できるところは有用。気の合う相談員を探してホームの紹介を受ければミスマッチが少ない

◆ ◆ ◆

このチャプターでは、友人・知人の口コミから老人ホーム紹介センターまで、様々な紹介ルートに関する説明を行いました。それぞれ、様々なバイアスや立場、役割がある中でホームを紹介していることがお分かりいただけたと思います。

ただ〝物は使いよう〟です。ホームを決める最終場面では親御さんやご家族の感覚に頼るしかありませんが、そこに至るまでのホームを絞り込む段階では、これらの紹介者を活用するのも重要なのです。

chapter 5

体験入居・施設見学で見るべきポイント

体験入居は「お客さん扱い」の分を差し引く

入居までの期間に余裕がある人の場合、入居相談をすると、ホーム長や営業担当者から体験入居を勧められることがあります。体験入居とは3日間から1週間ほど、実際にホームに入居し、ホームの雰囲気を確認するというプランです。費用はホームによってまちまちですが、多くのホームでは「実費の負担」をお願いされます。

体験入居のメリットを挙げるとすれば、ホームの雰囲気（特に夜間）を感じられることや、他の入居者と話をすることができるという点でしょう。老人ホームを探す子世代の立場で考えれば、親御さんに「その気にさせる」という効果もあると思います。逆に、せっかく良い施設だと思っても、体験入居中にたまたま隣に座った入居者が認知症で話が通じなかったりして、「あんなところに入りたくない」などと言い出す方もたくさんいるのですが……。

注意点もあります。体験入居をしている間、その人は「お客さん」として特別な待遇を受ける可能性が高いということです。体験入居中はその旨がホームの全職員に知らされます。「もし体験入居した人が入居に至らなかったら、それは現場の責任」と公言する営業担当者もいるぐらいで、現場サイドは必死で体験入居者を接待します。「いつもは3回ナースコールを鳴らさないと来てくれなくても、1回鳴らせば来てくれる」といった手厚い待遇です。つまり、体験入居中の介護職のかいがいしい対応は、うのみにしない方がいいのです。

なお、介護付き有料老人ホームや特別養護老人ホームでは、介護保険のショートステイ(短期宿泊)を受け付けているところがあります。ショートステイでは、体験入居ほどお客さん扱いをされないので、体験入居の代わりに利用すればホームの実態を知ることができます。受付枠は施設によって異なりますので、担当ケアマネジャーさんに聞いてみてください。

施設見学では「職員の数を数える」

時間のない人が効率的にホームを評価できるのが、施設見学です。本書の目的である「親に合う介護流儀のホームを探す」ためには、どこに留意して見学すべきなのでしょうか。

まず、見学する時間帯は「昼食時間」、つまり12〜13時ぐらいがお勧めです。理由は、ホームの職員が忙しい時間帯だからです。忙しい時間帯の方が職員の介護流儀がよく分かります。食事の風景をじっくり観察するために、「試食」をお願いしてもいいでしょう。

見学のポイントは多岐にわたります（左表）。これまで述べてきたように、職員の入居者に対する向き合い方や自立支援の考え方、集団ケアか個別ケアか、生活の自由度など、スペックだけでは見えてこないホームの特徴の中で、気になった部分を観察してください。

見学をする際は「職員の数を数える」のがお勧めです。介護職の配置数などは、後で聞けば分かることなので、数自体は重要ではありません。見学時は、どうしても営業担当者などに付き添われて施設の様々な場所を歩かされ、「浴槽はこうです」「室内はこうです」などと設備を見せられます。ホームの質を決めるのは設備ではありません。職員です。営業担当者の話を聞きながら、近くの職員の数を数えたりして「ここには3人いらっしゃるのですね」と職員の話題を振ることが大事なのです。そうすれば、おのずと「今は忙しい時間帯なので小走りになっています」とか「彼女はいろんな入居者から慕われています。理由は……」など、職員の話をしてくれるはずです。とにかく、職員の話を振ることで、介護への向き合い方を聞くのです。

見学にはタクシーで行くべき理由

介護職のほかに、注目すべきなのは入居者の表情です。ホーム生活を快適に送っている入居者はキラキラしています。中には、見学時に話しかけてくる入居者もいます。1年前に入った入居者が、顔見知りの営業担当者が来たことに気づき、「Aさん、いつもお世話さま」と声をか

■施設見学のポイント

職員の様子

- ☑ 入居者への会話の仕方、介護の雰囲気
- ☑「自立支援」の方針（入居者ができることをどこまで本人にさせようとしているか）
- ☑ 職員が忙しくしているときの表情（余裕がなさそうか）
- ☑ どんな職員がいるか（職員の数を数えて話題を振ることで、エピソードを聞く）
- ☑ ホーム長は何をしているか
- ☑ 給食業者、看護師、施設内のケアマネジャーなど、他の職種の人は何をしているか

入居者の様子

- ☑ 表情はキラキラしているか
- ☑ 職員に話しかけているか、入居者同士で会話があるか
- ☑ 入居者の身体状況（親と同じぐらいの介護度か）
- ☑ 長時間放置されている入居者はいないか

ホームの様子

- ☑ 全体的な雰囲気はどうか（明るさ、臭いなども含めて）
- ☑ 食事はカスタマイズできそうか
- ☑ 食事のメニューは選べるか
- ☑（タクシーで行き先を告げて確認）地域から知られている存在か

けてくるのは珍しいことではありません。むしろ、営業担当者など日頃関わりの少ない職員に気軽に話しかけているということは、この入居者はホームを気に入っているのだと考えることができます。

「介護のことは素人だから、質がよく分からない」と思う方もいらっしゃるかもしれませんが、見るべきポイントは介護の技術ではありません。入居者への声のかけ方とか、表情、歩き方、職員同士の会話の雰囲気などに親しみが持てるかという部分が大事です。

加えて、「働いている皆さんは、介護職の方々ですか」という質問で、他職種の動向も聞いてみるとよいでしょう。料理人が食後のテーブルを回り、入居者と食事の話をしている場合は、向上心にあふれた人がいるホームだと評価できます。地域のボランティアが手伝いに来ているホーム、ホーム長が現場で働いているホームだってあります。とにかく施設見学の際は、働いている職員に着目し、親や自分と気が合いそうかどうかを評価してください。

最後にもう一つ。見学時には、なるべく最寄り駅からタクシーを使うようにしてください。多くの老人ホームでは、サービスの一環として送迎をしてくれますが、これは断りましょう。

ちなみに私は仕事柄、初見のホームに行くことも多いですが、必ずと言っていいぐらい最寄り駅からタクシーで行くことにしています。理由は、ホームと地域との関わりが垣間見えるからです。タクシーに乗り、運転手さんにホーム名を告げると、「はい、分かりました」とすぐに伝わるホームと、「どこにありますか?」と聞かれるホームがあります。もちろん、場所を聞かれるホームは訪問者が少ない、地元の人に知られていないホームである可能性が高まります。車中で運転手さんとホームの話をすると、様々な情報を聞くこともできます。お節介な運転手に当たれば、判断するための材料をきっと提供してくれるはずです。

助言者に付き添ってもらうのも手

施設見学に行く際に、助言者に付き添ってもらうのも手です。老人ホーム紹介センターの相談員が見学に同行してくれるケースは珍しくありませんが、ここで言う助言者とは、ホームをその人の主観でジャッジしてくれる専門家のことです。

老人ホーム紹介センターの相談員は、老人ホームのスペックについては確かに熟知しているのですが、仕事柄、どのホームも公平に見ようと努めていることもあり、個人的な感情を明かしてくれません(当然、彼らにも好き嫌いはあるのですが)。私の言う助言者とは、そのホームで行われている介護流儀を主観的に見て、入居者や家族にとってその流儀が合うかどうかを考えてくれる人です。その判断をしてくれる人には、費用を払ってでも同行してもらうことが有益だと考えます。

それではどのような人が、この助言者になり得るのでしょうか。私は次のように考えます。老人ホームで介護職として働いた経験があり、なおかつホーム長などの管理者の経験もある人で、自分自身の介護観を明確に持っている人です。助言者の介護観は、極端なぐらいバイアスがかかっていた方が分かりやすくて良いと思います。そのような人を周囲で見つけたら、必ずご自身で面談を行い、その人の考え方に「同意できる」と判断した場合は、依頼をしましょう。費用は個人面談から同行まで含めて5万円から10万円程度でしょうか。もし、あなたの周囲にそのような人が見当たらない場合は、私にご連絡いただいても構いません。

一度、助言者と一緒に老人ホームを見学すれば、見るべきこと、聞くべきこと、確認すべきことなどを学べます。人は、知らないことには疑念を抱かず、「なるほど」と理解した気になってしまいます。しかし、それは理解できたからではなく、いわゆるスルーをしているだけのことですので、いずれ後悔することになってしまいます。

もし合わなければクーリングオフ

体験入居や施設見学をしてホームに入居したのにもかかわらず、「全然合わない」「思っていたのと違った」といった事態になる可能性もゼロとは言えません。こうした場合は、クーリングオフ制度（短期解約特例）の活用を検討しましょう。これは、入居契約後に90日以内であれば、契約自体を解消して、契約時に支払った入居一時金を返金してもらえるという制度です。当然ですが、短い期間とはいえ、入居中に受けた介護の費用や食事代、家賃などのコストは支払う必要があります。

つまり、クーリングオフ制度とは、契約時に支払った入居一時金にひも付いた制度ですので、「月額プラン」で支払った場合は対象外ということになります。42ページでも触れていますが、そもそも入居一時金は家賃の前払いの扱いなので、早く退居すれば将来の家賃分は戻ってきます。しかし、多くのホームでは一時金の10～30％ほどを初期償却として「入会金」のような形で差し引きます。この初期償却分は通常、退居しても戻ってきません。しかし、クーリングオフ制度を使って90日以内に退居すれば、この初期償却分も戻ってくるというわけです。ホームが本当に親に合っているかを見極める当面の目安が、この90日間ということになります。また、もしホームに入居して90日以内に死亡してしまった場合も、クーリングオフ制度が適用されます（老人福祉法の施行規則で決まっています）。

注意事項として、契約の際には「クーリングオフ制度の起算日がいつなのか」を確認しておきましょう。つまり、起算日が契約日なのか、入居金の入金日なのか、引っ越しを終えた日なのかという点です。

運営会社の格って大事なの？

男性に多い「大企業信仰」

老人ホームの運営母体は様々です。介護専門の企業や社会福祉法人、医療法人が運営していることもありますし、皆さんがよく知っているような保険会社、家電メーカー、教育系の会社、鉄道会社、電力会社、不動産会社などが介護部門を持って運営していることもあります。また、最近の傾向としては、ファンドのような金融会社が母体のところも増えています。運営規模に関しても、全国的にホームを展開しているところから地域密着で数施設を運営しているところまで様々です。

大規模事業者が運営しているホームの多くは、言い方は悪いですがマニュアル主義です。入居の際の禁止事項やルールが細かく定められているケースが多く、また、介護職に対して業務手順などの教育に力を入れているため、画一的な介護サービスを得意としています。よく言えば、一定水準以上のサービスを安心して受けることができますが、悪く言うと、柔軟性がなく無機質な介護サービスになりがちです。逆に小規模事業者は、正反対です。介護職の個性が前面に出ているため、親御さんに合う介護職がいれば最高の介護サービスを受けられますが、そうでなければひどいサービスを受けることになってしまいます。それこそ、小規模事業者のホームへの入居を検討するのであれば、ホーム長の介護に対する考え方などをきちんと聞いて、納得して入ることがより重要になるということです。

これは圧倒的に男性に多いのですが、ホーム選びの際に運営会社の「格」を気にする人がいます。介護部門の規模の大きさならまだしも、運営会社の親会社が「聞いたことのある企業だ」「日本を代表する企業だから潰れないだろう」「現役時代、そこと取引をしたことがあるが、社員がいい人だった」などの理由で、その子会社が運営するホームまで信頼してしまうのです。最初に断言しておくと、これは全くの誤りです。

介護業界では、「運営会社の格」と「職員の質」はまず相関しません。それは、多くの介護職が「運営会社や親会社が安心できるから」という理由では就職先を選んでいないからです。介護業界は終身で雇われることがほぼ皆無で、希望すればすぐに転職先が見つかります。職場を選ぶポイントは運営会社の名前ではなく、自宅からの距離や賃金の高さ、業務内容が自分に合っているかといったところなのです。

運営会社の変更は考えても仕方ない

次に、ホームの運営会社が変わるリスクについて考えます。一般論として、ホームの運営会社が変わるのは入居者やその家族にとって「良くないこと」です。運営会社が変わるとホームの運営ルールが変わり、今まで許されていたことが禁止になることがあるからです。高齢者は変化への対応力が乏しいため、予想以上の混乱が生じることもあります。

ただ実際、老人ホームの運営会社が変わることは珍しくありません。これまでに何社もの知名度のある老人ホーム運営会社が倒産してきました。また、倒産までは至らなくても、経営に行き詰まり、老人ホーム事業を他企業に譲り渡した事例は何十、何百とあります。さらに、「今なら高く売却できるから」といった前向きな理由で老人ホーム事業を他社に売り抜ける事業者もありました。

つまり、老人ホームの運営会社の格がどうであろうと、事業売却などで他企業のものになるリスクは常にあるのです。もちろん、小規模事業者の場合、資金ショートや後継者不在などの危険性は比較的高いと思います。では大企業の方が安心かというと、そうでもありません。大企業の場合、老人ホーム事業そのものが好調でも、グループの事業全体の業績が悪いと、老人ホーム事業を売却することがあります。近年では、ワタミの介護がまさにこのケースでした。

また、大企業だと、会社の経営方針の変化で「介護部門が不要」になるリスクがあります。多くの大企業は、オーナー経営者ではなくサラリーマン経営者ですので、自分の任期中のことしか考えない傾向にあります。「将来、高齢者が増えるから」という単純な理由で異業種から介護に参入した揚げ句、次の経営者にバトンタッチしたら「我が社の本業と介護事業とのシナジーはありませんでした」などと言い出した事例が、これまでに幾つもありました。つまり、運営会社が変わるリスクは常にあるため、考えても仕方ないのです。

重要なのは、もし運営会社が変更され運営の方針が変わった場合に、自分に合わないと感じたら、尻込みをせずに違うホームに引っ越すことです。ここにためらいは不要です。先ほど、高齢者は環境変化に弱いという話をしましたが、気に入らないホームで我慢して暮らしているよりは、さっさと違うホームに引っ越す方が数倍マシです。

気をつけよう、入居一時金のこと

運営会社を選ぶ際に注意すべきことがあるとしたら、入居一時金に関する考え方でしょう。多くの老人ホームでは、入居時に入居一時金を支払います。

契約前に皆さんに忘れずに行っていただきたいのが、入居一時金などの前払い金の返済に関する方法の確認です。これまでにも何度か触れましたが、入居一時金は家賃の前払いの位置づけで、ホームが決めた「償却期間」の分だけ先に家賃をホームに払うというものです。償却期間は5年ぐらいのところが多いのですが、これより短い、例えば3年でホームを出た場合、残り2年分の前払い家賃が帰ってくる契約になっています。

本来、ホーム側が入居一時金を厳密に管理するのであれば、最初に預かった入居一時金を別勘定で管理し、毎月発生する家賃分をその事業者の収入にすべきです。しかし、現実には払い込まれた入居一時金を一括で収入と見なし、自由に使ってしまう事業者が多いのです。その結果、老人ホーム事業者が経営破綻したときに、ホームを途中で出たのに前払いの家賃が戻ってこないといった事態が発生します。

少なくとも入居一時金が100万円を超え、償却期間が3年以上あるケースでは、もし前払いの家賃が戻ってこない場合の被害額が大きいので、入居契約の際、入居一時金の管理について、ホーム側の説明を求めましょう。良心的なところは入居一時金の専用口座を作り、毎月、公認会計士などの有資格者のチェックの下で出金しています。ホーム側の説明に納得がいかなければ、そのホームとの契約を見送る決断をする必要があると考えます。

さらに、聞くべきなのは「もし早めに退居して家賃の前払い分を返金してもらう場合、どのタイミングで返金してくれるのか」ということです。今では信じられない話ですが、昔は、退居した後に次の入居者が決まり、その入居者から入居一時金を預かった時点で返金するという、〝自転車操業が前提の契約〟が当たり前にあった業界です。普通は入居契約の解約完了と同時に返金されるものですが、手続きなどの時間も考えると、少なくとも解約完了月の翌月末までには返金されるべきではないでしょうか。

実際は、「翌々月末」や「90日以内」としているところが多いのですが……。

なお、この返却期限は、ホームの重要事項説明書に明記されているのが一般的です。ただ、載っていない場合があるので、契約の際に確認し、記録しておきましょう。また、「解約時点」とは、こちらが解約を申し出た日ではなく、双方の合意の下に契約解除が完了した日です。よって、入居者がホーム所有の備品を破損させ、その修復費用などの支払いがある場合などは、それらの対応に双方が合意した時点だと解釈すべきです。

■ 入居一時金(前払い金)の返還日を確認

解約時の返還金 (算定方法等)	※ 退去による前払金の返還は、契約終了日(居室明け渡し日)の2ヶ月後の月末に返還とします。

入居一時金を支払う場合は、ホームの重要事項説明書から、上記のような表記を探して返還日を確認する。

入居一時金が戻らない場合は法的措置を

さらに補足を。万が一、約束した期日までに入居一時金の返却がなかった場合は、必ず「法的措置を伴う強い催促」をしなければなりません。なぜなら、期日までに返却できないケースの大部分は、運営会社の資金難によるものだからです。相手を信じて待っているだけでは返ってこない危険性が高いと判断すべきです。

こんな事例がありました。30カ所以上で有料老人ホームを運営していた未来設計という会社が2019年に民事再生手続きを申し立て、倒産しました。倒産前、既に入居一時金が期日までに戻ってこないケースが続出している中、弁護士などを使って強硬に催促した元入居者には、優先して返金をしていたようです。最終的に損害を被ったのは、会社側からの数回にわたるリスケの要請に対して、同意して入金を待っていた「良い人たち」でした。

有料老人ホームには、「入居一時金の保全」と言う制度があります。業界団体や金融機関、親会社などによって、ホームが倒産しても500万円までの入居一時金の返金までは保証するという制度です。しかし、未来設計の場合、事実上倒産はしているものの、未来設計の親会社を買収した企業によってホームの運営は継続されました。そういう場合はこの保全対象から外れてしまう、というのが法的な解釈です。結局、入居一時金の返金を待っていた元入居者たちには、本来の数%の額しか提示されていないと聞きます。つまり、この保全制度は万能ではないということです。老人ホームの契約時には大きなお金が動きます。運営会社の経営破綻などの事態が起きたら、弁護士などの専門家に相談することが重要です。

ちなみに、この入居一時金の保全措置は、全ての老人ホームで行われているわけではありません。保全制度がスタートする前までに開設されていた老人ホーム、つまり、歴史がある古い老人ホームは保全の対象外になっている場合があります。これも重要事項説明書（入手法は93ページ）の「入居一時金の保全」の項目に書いてありますので、目を通しておきましょう。

chapter 7

老人ホームを追い出される可能性

2大原因は「迷惑行為」と「医療処置」

「一度入居した老人ホームを追い出される可能性はあるのでしょうか」。これもよく聞かれる質問です。ここでは老人ホームを施設都合で追い出される可能性について、説明します。

入居者はどういう状況になるとホーム側から退居をお願いされるのでしょうか。大きく分けて、次の2パターンが考えられます。

①他の入居者や職員に対し、暴言を吐いたり、暴力を振るったりする
②必要とする医療処置にホーム側が対応できない

これに加えて、最近は理不尽なクレームを言う入居者や家族に対して、「当ホームでは要求に対応できないので、別のホームをお探しください」と毅然とした態度で退居を促す老人ホームも増えてきました。

詳しく見ていきましょう。①の入居者の暴言・暴力は、その原因の多くが認知症をはじめとする精神疾患です。本人が悪いわけではないのですが、介護職も普通の人間です。いくら、病気だと分かっていても度を越えた暴言に対しては、寛容ではいられません。

特に男性入居者の場合は、暴力行為があると退居させられるリスクが一気に高まります。昔のように身体拘束が職員の判断でできた時代は退居まで要求されることはありませんでしたが、現在は介護施設では身体拘束が原則、できないため、暴力行為に対処できないのです。

また、現実的な話をすると、介護職ではなく他の入居者に対する迷惑行為がある場合は、退居させられる可能性が一層高まります。私が働いていたときにも経験がありますが、「他の入居者の部屋に勝手に入ってしまう」とか、「物を盗んでしまう」などの事件はかわいいもので、本人や家族への注意などで済んでいました。しかし、ある男性入居者が女性入居者に対し暴力を振るい、けがをさせてしまった場合はそうはいかず、即刻、退居させられました。そうでもしないと、他の入居者家族に対して説明が付かないからです。

加えて、自傷行為をする高齢者も退居させられるリスクがあります。理由は、やはり身体拘束ができない以上、このような人の命を守る保証ができないからです。

②の「必要とする医療処置にホーム側が対応できない」パターンでは、対応できるところに転居を検討しなくてはなりません。具体的には、24時間看護師がいる老人ホームや介護老人保健施設、介護医療院のような医療体制が充実している介護施設、または病院への入院などです。なお、入院期間が数カ月間など長期間にわたると、自動的に退居をお願いされる場合があります。特別養護老人ホームだと入院期間が3カ月を超えることが分かった時点で、退所するように促されるのが一般的です。

同じことの繰り返しになりますが、私は老人ホームは、合わないと思った時点で早めに住み替えることが大事だと思っています。入居時は医療処置が不要だったけど、状態が不安定になって医療処置が必要になったら、そのタイミングで医療ニーズを満たすホームに住み替えるという考えでよいのです。113ページでも述べましたが、多くの老人ホームは状態が悪くなってもできるだけ住み続けられるように努力してくれます。「もう無理です」とホーム側が言うのは、どんな方法でも無理な状況になったと思ってください。もっと言えば、今はホームの数が増え、部屋が余っている状態ですので、次のホームを探すにはそれほど手間はかかりません。

ちなみに、少し気休めになる話をしますが、24時間にわたって医療処置が必要になる入居者の割合は、私の経験から申し上げると、全入居者の5%程度です。さらに、終末期だからとい

■ 事業者側から退居をお願いされる主な状況

- ▷入居者やその家族、身元引き受け人が、他の入居者、職員に対して暴力を振るうなど迷惑行為を行った場合
- ▷必要な医療処置がホームの対応可能な範囲を超えたとき
- ▷入院が長期にわたる場合(2 ～ 6カ月がリミット)
- ▷「介護型」のホームで、介護保険の認定更新の際に自立と判定されたとき
- ▷利用料の未払いが続いた場合(1 ～ 2カ月がリミット)
- ▷提出書類で虚偽の申告があったとき
- ▷入居者や家族とホームとの信頼関係が損なわれ、ホーム側が適切なサービスの提供を継続できないと判断した場合
- ▷ホームの禁止事項に触れた場合(刃物、爆発物の持ち込み、大型金庫の設置、テレビを大音量で見るなど周囲に著しい迷惑を与える行為、ペットの飼育[一定の範囲内で認められているホームもある]、反社会的勢力との付き合いなど)

※あまりにもひどい場合でない限り、原則、契約解除に至るまでに家族側との協議の場が設けられ、転居までの時間的猶予に加えて、転居先の紹介なども受けられる

って医療処置が24時間必要になるわけではないのです。もし医療処置が必要であれば、現在「看取り件数を増やせ」と言われている老人ホームの施設基準も、病院と同じように24時間看護師を常駐させるルールになるはずです。しかし現在、基準が見直される気配はありません。

利用権、賃貸借契約の違いは気にしなくていい

1章の69ページで触れましたが、サービス付き高齢者向け住宅は「賃貸借契約」に基づいて入居します。一方、介護付き有料老人ホームや住宅型有料老人ホームは「利用権」に基づく入居ですので、契約形態が異なります。賃貸借契約とは、いわゆるアパートやマンションなどの賃貸契約を指すので、なじみがあるでしょう。

聞き慣れないのは利用権です。多くの有料老人ホームでは、終身利用権と言う権利を契約によって得ます。終身利用権とは言葉の通り、その人が死ぬまでその老人ホームを利用する権利のことです。終了の要件は、双方からの契約解除の申し入れか、当事者の死亡です。特に死亡の場合は、即日解除になるケースが多く、死亡したその日にホーム側から「明日までに居室を引き渡してほしい」と言われることがあります。

よく聞く話として、「利用権契約は賃貸借契約と違って入居者の権利が弱いので、ホーム側の

都合で退居を迫られる、もしくは居室の変更を強要される」といった指摘があります。サービス付き高齢者向け住宅が登場した当初は、入居者の権利が強い賃貸借契約を結べることがメリットの一つだとされていました。

確かに、法的には利用権という権利は比較的脆弱なので指摘の通りなのですが、老人ホームの場合、居室の変更や退居を迫られることはリスクではありません。むしろ、居室変更の多くは入居者側から感謝されます。それは、老人ホームは不動産物件としての価値がほとんどなく、そこで受ける生活支援や介護サービスに価値があるからです。

例を挙げて説明します。自立度の高いAさんは、ホーム5階の東南角部屋に入居しました。陽当たりもよく、窓からの景色も最高です。一番奥の角部屋なのでエレベーターから遠く離れていますが、その分、他の入居者や職員が自室の前を通らないため、静かで快適、自由な生活を送っていました。

半年後、入浴中に転倒し、車いすでの生活になりました。毎回毎回、食堂に行って食事をしますが、食堂は1階にあります。車いすを自分で漕いでいくため、エレベーターまでの道のりは遠く険しいものでした。車いす生活になってからは、食事と入浴以外には居室から出ることもありません。24時間、カーテンを閉めてベッド上で生活することが多くなりました。心配した家族が事情を聞いたところ、「もっと、エレベーターの近くの部屋にすればよかった」と言います。その話を家族から伝え聞いた老人ホーム側は、3階のエレベーター横の北向きの居室に引っ越すことを提案しました。Aさんはエレベーターにすぐに乗れるようになったため、居室外で過ごす時間がまた増え、笑顔が戻りました。

しかし1年後、Aさんは認知症を発症し、何度も居室内で転倒するようになりました。食事も喉を通らず、衰弱していきます。家族から、「居室への訪問頻度を増やしてほしい」という訴えがあり、ホーム側はAさんを看護ステーションの横にある特別室に移すことにしました。場所は2階の中央で、日中、看護師が執務をしている部屋の隣にあるため、空き時間に看護師が様子を見に行くことができます。このホームの提案に対し、家族は「親切なホームだ」という評価をしました。数カ月後、多くの職員に見守られてAさんは旅立っていきました。

見守り・食事サービスが受けられないと意味がない

高齢者の場合、身体の状況に応じて住み替えの必要性に迫られる事態が高確率で発生します。Aさんのケースでは運良くホーム内の住み替えで済みましたが、ホーム自体を引っ越さざるを得なくなる人だって結構多いのです。そうなると、利用権契約であろうと賃貸借契約であろうと入居者にとってはあまり関係のない話になります。

ちなみに、賃貸借契約がいくら強いといっても、サービス付き高齢者向け住宅で迷惑行為をする高齢者が、賃貸借契約を盾に立ち退きを拒否するのは不可能に近いでしょう。賃貸借契約書の中の「禁止事項」の中にこうした迷惑行為が定められていて、この禁止事項に触れることが契約解除の要件になるからです。

百歩譲って、賃貸借契約を盾に部屋の立ち退きを拒否できたとしましょう。そうなっても、施設に付随する見守りサービスや食事サービスなどが満足に提供されなくなるおそれが出てきます。これらの施設サービスは、賃貸借契約とは別に、利用者とホームが「利用契約」を結んで提供されるものだからです。施設サービスを受けられないとなると、「そもそも何のためにサービス付き高齢者向け住宅に入ったのか」という話になります。

まとめると、ホーム側から退居を迫られる可能性に対して、それほど神経質になる必要はありません。他の入居者に対する暴力行為などを除けば、多くの場合、ホーム側が柔軟に対応しようとしてくれます。それでも無理な場合は、そもそも「ホームを移る方が賢明な状態」ということになります。大抵は次のホームを探すための時間的猶予も確保してくれます。

むしろ、複数のホームを身体の状態に合わせて渡り歩いていく、こうしたホームの使い方が近い将来当たり前になると私は考えています。

第3章

老後とお金

取材・執筆 ― 日経マネー編集部

chapter

老後資金の考え方——不安から脱するには

親の老人ホームを選ぶ際もその後の生活を考える際も、お金の問題は非常に重要です。しかし自分自身の老後資金がどうなっているかを把握していなければ、親のためにお金を出す余裕があるのかないのかも分からないはずです。そこでここでは老人ホーム選びから少し離れ、まずあなた自身の老後資金について考えてみましょう。

「あなたが老後生活に関して不安に思うことは何ですか」。高齢社会の進展とともに、新聞や雑誌などでこうしたアンケート調査を目にする機会が多くなりました。回答を見ると圧倒的に多いのが「お金」と「健康」で、順位は入れ替わっても、多くの調査で常にこの2つが上位に挙げられているのは間違いありません。老後の2大不安というわけです。

ただ、このうちの「お金の不安」は気にし出すと抜け出すのが困難な上、「お金が多くあれば大丈夫だろう」という方向に行ってしまうと、結局は「いくらあっても足りない気がして、余計不安に」となってしまうのです。ファイナンシャルプランナー（ＦＰ）に取材するとこういう話は本当に多く、「40代独身男性で既に５０００万円の金融資産を持っているのに、老後が不安で眠れないという相談を受けた」といった話がたくさん出てきます。

お金の不安にはキリがない。脱出するには現状把握を

ここで大事なのは、老後資金に不安を感じたとしても、いきなり不案内な投資でお金を増やそうとしたりせず、冷静になって「老後資金は何にいくらかかるのか」と、数字に基づいた現状把握をすることです。不安から脱するには敵の正体を見破るしかありません。

実際には、自分が65歳になったときにもらえる公的年金の額を把握している人はかなり少なく、勤め人に対するアンケートの結果を見ても、退職金の額は退職直前か、せいぜい1年前にならないと調べようとしないようです。でも、それでは永久に不安なままですから、まず「①老後生活にはいくらかかる（老後の支出）」「②今いくら持っている、退職金や年金でいくら入ってくる（老後の収入）」「③不足分はいくら（収入−支出）」と3つの数字を調べ、最後に「ならば現役時代にその不足分を貯蓄や投資で補っておこう」と前向きに考えていきましょう。

この時、「現役時代というけれど、自分は既に50代で定年間近だ。老後資金づくりにはもう遅

い」と諦めてしまう人もいます。これは実に勿体ない話で、人生100年時代といわれ、かつ人手不足が叫ばれる今は、気持ちさえあれば50代は「まだまだこれから」なのです。DC（企業型の確定拠出年金）やiDeCo（個人型の確定拠出年金）に加入できる上限年齢は今後どんどん延びていきそうです。FPの深田晶恵さんも、著書『まだ間に合う！ 50代からの老後のお金のつくり方』（日経BP）の中で、「複合的な要因により、『定年のゴールが見えてきたのにお金がない』人が急増中です。そう、老後資金が貯まっていないのは、あなただけではないのです。でも、大丈夫。今からでも、できることはまだまだあります」としています。

老後資金、何にいくらかかるのか

さて、では老後資金とは、何にいくらかかるものなのでしょうか。支出と収入の両方を把握しておく必要がありますが、まずは出ていく方から見ていきましょう。

老後の支出といえば、毎月の「生活費」の影響が一番大きく、この他に特別な費用として医療費や介護費が考えられます。生活費については総務省の調査が役に立ちます。「家計調査年報（2017年）」によると、現在の高齢無職世帯（夫65歳以上、妻60歳以上の夫婦の世帯）の毎月の実支出額は平均で26万3718円です。これは夫婦2人の家賃や光熱費、食費など一般的な支出を全て含んだ数字です。とはいえ単なる統計データですから、これより少ない額で生活できている家も多くあるでしょう。実際、東京都内で暮らしている定年退職者に聞くと「食べる分も交際費も減ったので、ウチは22万円で暮らせている」といった話も聞きますし、少し前には「公営住宅に住み、月に14万～15万円で生活している」という人の本も話題になりました。

逆にこの数字は、「今の」高齢世帯の支出額ですから、今後インフレが進めば毎月の支出額はこれより増えてしまうかもしれません。今の日銀の姿勢ではインフレは予想しにくいのですが、長い老後の間に経済状態がどう変化するかは分かりません。予測が難しいところですが、ここではとりあえず「老後の生活費は毎月25万～26万円かかる」と覚えておいてください。

老後資金1億円、本当にかかるの？

ところで、皆さんはこれまでに「老後資金は1億円かかる」というフレーズを目にしたことはないでしょうか。1億円なんて到底信じられない数字でしょうが、定年後30年の分を合計すれば実際そのくらいかかるものなのです。

先ほどの「毎月の生活費は26万3718円」という数字を基に計算してみましょう。仮に60歳で定年退職し、夫婦2人がその後30年間生きるとすると、必要な生活費は26・4万円×12カ月×30年間＝約9500万円となります。ほぼ1億円ですね。人生100年時代を迎え、今60歳の女性の5人に1人は96歳まで生きると言われますから、30年でなくもっと長生きして生活費がさらに膨らむことは十分あり得ます。そうでなくても医療費や介護費などを考慮に入れれば、やはり全体では1億円を超える計算になるわけです。

ただ、ハッキリ言ってこの数字を過度に重く見る必要はありません。どんな小さな支出でも、30年分も積み上げていけば数字のマジックで大きくなるものです。退職の時点で金融資産として1億円作れていなければ老後破綻するわけでもありません。

なぜなら一方には入ってくるお金もあるからです。公的年金はどんなに長生きをしても2カ月に1度、死ぬまでもらえます。こちらを積み上げていっても合計ではかなりの額になります。

医療費の目安は230万～260万円

次に、医療費を調べてみましょう。少々古いデータですが厚生労働省の「平成26年度　年齢階級別1人当たり医療費」という調査が参考になります。この数値に関しては自分自身のことだけでなく、高齢の親の医療費がこれからどれだけかかるかの目安にもなるはずです。

左のグラフの通り年齢が高くなるほど医療費は増えていきますが、日本は国民皆保険の国ですから、このうち自分が実際に払う額（自己負担額）は70歳未満なら3割、70歳から75歳未満は2割（現役並み所得者は3割）、75歳以上の後期高齢者は1割で済みます。

自己負担額（グラフの赤の部分）だけを見てみると、60～64歳の負担額は毎年平均で7・6万

■年齢階級別1人当たり医療費、自己負担額及び保険料の比較（年額）
（平成26年度実績に基づく推計値）

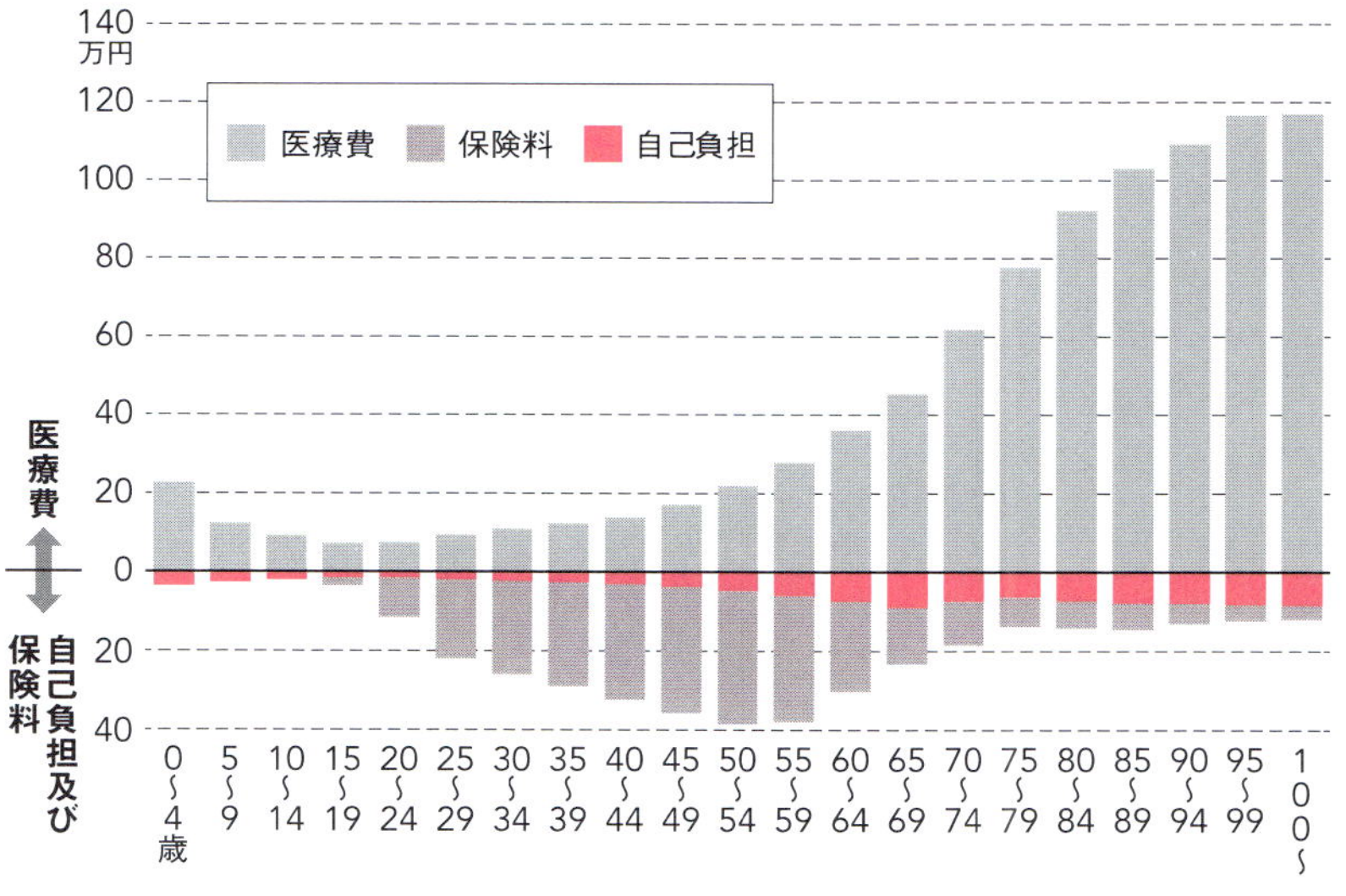

円、65～69歳は9・1万円、70～74歳は7・5万円、75～79歳は6・4万円、80～84歳は7・4万円、85～89歳は8・0万円となっています。これらを5年間ずつ足していくと、60～89歳までの「老後」30年間の医療費は、全部で230万円と計算されます。

また、同省が平成31年に発表した「医療保険に関する基礎資料」で平成28年度の「生涯医療費」を調べてみると、60～89歳の間の医療費は1535万円となっています。年齢ごとの負担割合を掛けると自己負担は261万円になり、前の資料より多少増えています。なので少し余裕を持って、老後の医療費は約300万円と見ておくとよいでしょう。

こう計算してくると、「あれ？　思ったほどはかからないんだな」という印象を持つ人が多いのではないでしょうか（これには後述する高額療養費制度の恩恵もあります）。もちろんこれも統計データに過ぎないので、持病があってこの何倍もかかる人も実際にはいるでしょう。医療費を甘く見積もるのは禁物ですが、まずは目安を持つことが大切で、中には「この程度なら医療保険でなく、預貯金で備えられそうだ」と感じ、保険の見直し（解約や保障の減額）を考える人もいるでしょう。実際、医療費については保険より預貯金で備える方が合理的だとする専門家はたくさんいるのです。

高額療養費制度は大きな助けになる

「でも老後にがんなど大病をすれば、医療費も数百万円単位に膨らむのでは？」と悩む人もいそうです。その場合にも日本には高額療養費制度があります。「医療費の家計負担が重くならないよう、医療機関や薬局の窓口で支払う医療費が1カ月（歴月：1日から末日まで）で上限額を超えた場合、その超えた額を支給する」制度です（厚労省のサイトより）。

毎月の上限額は年齢が70歳以上かどうかや所得水準によって変わりますが、70歳以上で年収が156万〜約370万円の一般の人の上限額は5万7600円です（＊）。これを超えた額が公的医療保険から支払われますので、その月に医療費がどんなにかかっても、自己負担は5万7

＊ 外来だけなら1万8000円

600円で済むのです。より具体的に、70歳で年収が約370万～約770万円の範囲に該当する人で、ある月に医療費が100万円かかった場合を見てみましょう。この人は「現役並み」となり負担割合は3割ですので、窓口での自己負担額は30万円になります。しかしこの人の上限額は「8万100円＋（医療費－26万7000円）×1％」という式で8万7430円と計算されますので、この月の支払いは実質的にはこの額まで。会計時には30万円を支払いますが、受診から3カ月程度後に、差額の21万2570円が高額療養費として戻ってきます。

この他にも、1人分の自己負担額では上限額を超えない場合も、医療保険が同じ世帯内の家族等の医療費を合算できる（世帯合算）、過去12カ月以内に3回以上上限額に達した場合は4回目から上限額が下がる（多数回該当）といった仕組みもあるため、さらなる負担軽減につながります。この制度を知っておくだけでもかなりの安心材料になるのではないでしょうか。

介護期間は4年7カ月、費用は500万円

では介護費はどうでしょう。介護離職という言葉もよく聞くようになり、親が要介護になったら長い間、大きな出費が続くのではと思う人は多いはずです。事実、生命保険文化センターの「生命保険に関する全国実態調査（平成30年度）」では、調査回答者が「世帯主か配偶者が要介護状態となった場合に公的介護保険の範囲外で必要と考える額」は、平均3167万円という

■介護期間と実際にかかった介護費用

介護期間

介護期間	
6カ月未満	6.4%
6カ月〜1年未満	7.4%
1〜2年未満	12.6%
2〜3年未満	14.5%
3〜4年未満	14.5%
4〜10年未満	28.3%
10年以上	14.5%
不明	1.7%
平均	**54.5カ月**

生命保険文化センター「生命保険に関する全国実態調査（平成30年度）」より

介護費用（一般的な費用の合計）

介護費用	
かかった費用はない	15.8%
15万円未満	19.0%
15万〜25万円未満	8.6%
25万〜50万円未満	6.8%
50万〜100万円未満	9.1%
100万〜150万円未満	6.0%
150万〜200万円未満	1.9%
200万円以上	6.1%
不明	26.7%
平均	**69万円**

介護費用（月額）

介護費用	
支払った費用はない	3.6%
1万円未満	5.2%
1万〜2.5万円未満	15.1%
2.5万〜5万円未満	11.0%
5万〜7.5万円未満	15.2%
7.5万〜10万円未満	4.8%
10万〜12.5万円未満	11.9%
12.5万〜15万円未満	3.0%
15万円以上	15.8%
不明	14.2%
平均	**7.8万円**

大きな額になっています。

しかし、同じ調査で「実際にかかった額」を見てみると、頭で想像した額よりかなり少ないのが分かります。過去3年間に介護経験がある人に、介護を行った期間（現在介護中の場合は、介護を始めてからの経過期間）を聞いた結果では、介護期間は平均54・5カ月（4年7カ月）となっています。10年以上介護した人が14・5％、4〜10年未満が28・3％ですが、その他を除く残りの55・4％の人は4年未満で介護を終えており、これらを全体で見れば「介護期間って案外短いかも?」と思う人もいるのではないでしょうか。

また介護費(公的介護保険の自己負担を含む)がいくらかかったかについては、住宅改修や介護用ベッドの購入といった「一時費用」の合計が平均で69万円、毎月の費用が平均で7・8万円となっています。この7・8万円が前述の54・5カ月にわたってかかるとすれば合計で425万円。一時費用を足せば494万円で、ざっくり500万円と考えられます。

ただ、老後資金・介護・医療などに詳しいFPの黒田尚子さんは「認知症のように〝低空飛行〟のまま介護が長く続くこともある。また実際の介護費は、私が取材や相談者から受けた印象では月3万~5万円程度と、データを下回る。『かかるというより、家計が苦しくてこれ以上かけられない』のが実態。医療費と介護費も別々とは限らず、脳血管疾患で倒れて入院し、そのまま介護になるといったように、両方が一度にかかってくることもある。統計データは単なる平均値なので鵜呑みにせず、医療費や介護費は慎重に見積もった方がいい」としています。

介護保険のサービス利用は原則1割負担

調査で介護費の負担が少ないように見えるのは、2000年に始まった介護保険制度の恩恵もあるでしょう。40歳以上の人が保険料を納め、介護や支援が必要になったときには介護サービス費の1割(一定以上の所得のある人は2割または3割)を自己負担するだけで済む制度です。施設サービス、在宅サービス、地域密着型サービスの3種類があり、それぞれ仕組みが少し違っています。注意すべきは、在宅サービスの場合は無限に利用できるわけではなく、要介護（支援）状態の区分に応じて1カ月当たりの支給限度額が決まっていることです。限度額は最も状態の軽い要支援1で5万320円、最も重い要介護5で36万2170円となっており（実際に自分が払うのはこの1～3割）、これを超えた分は全額が自己負担になります（31ページ）。

なお、介護保険にも高額療養費制度のような「高額介護サービス費制度」があり、月々の介護サービス費が世帯合計で一定の上限額を超えた場合に、超えた分は払い戻しを受けられます。世帯ごとの上限額は、世帯全員が住民税非課税の場合は月に2万4600円で、最も負担の多い現役並み所得者のいる世帯の場合でも月4万4400円です。

さらにもう一つ、「高額医療・高額介護合算制度」というものがあります。医療保険と介護保険の両方の自己負担が著しく高額になるときに負担を軽減する制度で、医療・介護保険者に申請すると、決められた上限を超えた額が支給されます。例を挙げれば、70歳以上で世帯全員が住民税非課税の人は自己負担上限額が年額で31万円となるので、年に医療保険で30万円、介護保険で30万円の計60万円を自己負担していた場合は、約半分の29万円を支給してもらえるということです。これに該当するのはよほど大変なときだけだと思われますが、前述のように介護費と医療費がダブルでかかることもあるので覚えておきましょう。

さて、ここまでが老後資金のうち「支出の部」になります。まとめると、**毎月の生活費が25万～26万円（30年間で9500万円）、医療費が多めに見て約300万円、介護費が約500万円で、計算上の合計額はやはり1億超、1億3300万円となります。**

退職金のある会社が8割、額は平均2000万円

次に「収入の部」として、老後に入ってくるお金を見てみましょう。

まずは退職金です。退職給付制度のある会社の場合はかなりまとまった額を一度に受け取れます。ただし厚労省の「平成30年就労条件総合調査」を見ると、退職給付制度のある会社は全体の80・5％にとどまり、2割弱の会社には退職金がありません。また従業員1000人以上の大手企業では92・3％に制度がありますが、30～99人の中小企業では77・6％と、会社の規模によって退職給付制度の充実度に差が出ているのが分かります。

そしてその金額は、厚労省の調査では平均1983万円となっています（勤続20年以上・45歳以上の大学・大学院卒［管理・事務・技術職］の定年退職者の平均）。しかしこれは俗に「大手企業の平均で2000万円、中小企業で1000万円」などと言われるように、実際には会社の規模等によって大きく異なると思われます。

多くの勤め人は自分が受け取れる退職金の額を真剣に知ろうとしませんが、老後資金の設計

には必要な数字ですので堂々と会社に確認しましょう。年に1度程度、給与明細に「あなたの現在の退職給付ポイント」などと表示されていて、それを基に計算すれば自分で額を把握できる企業もあるようです。

なお、退職金は一時金で受け取るだけでなく、会社によっては年金形式での受け取り（これが別名、企業年金といわれるものです）や、両方の併用が可能です。一般的には一時金受け取りの方が税制面で有利だとされますが、最終的にどちらが有利かは企業年金の運用利率やその人のローン・総資産の状況などで異なってきます。税や社会保険料の負担まで考えた上でどの受け取り方が最適なのかは、専門家に聞くのが一番です。人生でもめったに手にしない額を受け取るのですから、社会保険労務士やＦＰに有料で試算してもらうといいでしょう。

年金制度は複雑だが「2階建て」は理解したい

一度きりの退職金と違い、老後の収入の柱になるのが公的年金です。最大の長所は生きている限り受け取れることで、「長生きリスクにも自然と備えられる」という点では、人生１００年時代にも十分対応できていると言えます。しかし問題はその額で、これも「自分の家ではいくら受け取れるのか」を事前に把握している人は多くありません。日本の年金制度が極めて複雑なこともその一因でしょうが、知る努力はしておきたいものです。

■ 公的年金制度の全体像（厚労省サイトより）

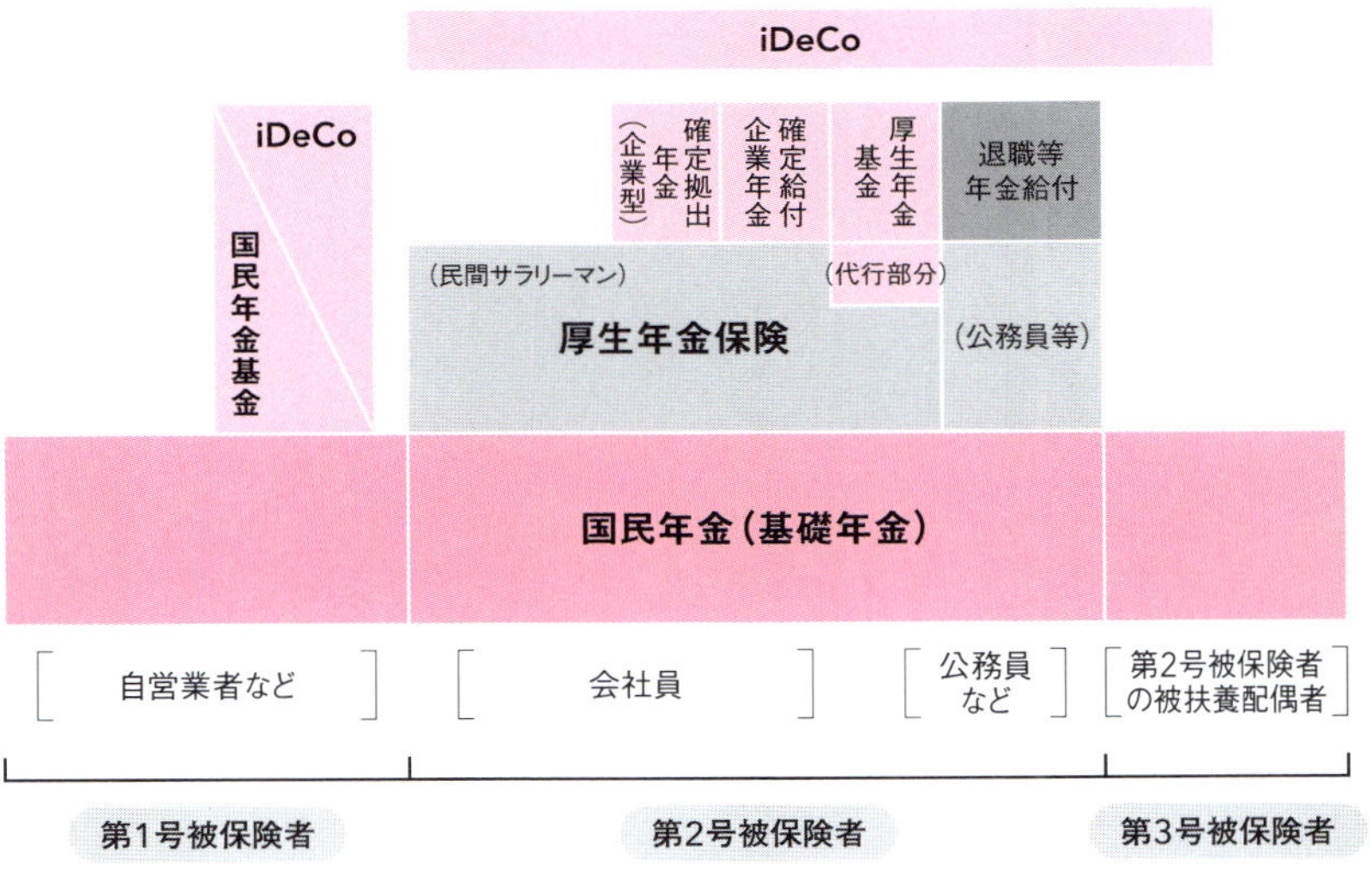

ここでは最低限の基礎知識として、日本の公的年金は「2階建て」になっていることを知っておきましょう。日本に住む20歳以上60歳未満の全ての人が入るのが国民年金（基礎年金）で、これが建物の1階部分に当たります。その上に会社員や公務員が加入する「厚生年金」が乗っており、これが2階部分です。会社によってはさらに上乗せとして企業型の確定拠出年金（DC）や確定給付企業年金（DB）、企業年金（退職金の年金受け取り）などがあることもあります。

要するに、自営業者など国民年金のみの人は、会社員・公務員に比べて受け取れる年金が少ないということです。老人ホーム選びでも「毎月いくらまで出せるか」が大きな要素になりますが、国民年金だけで入れる施設はかなり少ない、と考えられます。

もちろん対策は用意されていて、最初に考えるべき上乗せ策は「国民年金基金」への加入です。掛け金が全額、所得控除になるという大きな非課税メリットに加え、国民年金と同じ終身年金ですのでどんなに長生きしても「途中でお金がもらえなくなる」ことはありません(2口目以降は期間の決まった確定年金も選べます)。また自分の掛け金により、将来受け取れる年金額が確定していることや、自分で運用指示しなくていいのも分かりやすい点でしょう。

もう一つ、個人型の確定拠出年金(愛称:iDeCo)も加入をお勧めしたい制度です。2017年から加入できる人が大きく増え、原則的には会社員や公務員、主婦など、ほとんどの人が利用できるようになりました。自営業者の場合は、国民年金基金の掛け金と合算で月6万8000円まで掛け金を拠出できます。自分で運用商品を決める難しさはありますが、掛け金が全額所得控除されるので所得税や住民税を払っている人にはメリットが大きく、預貯金や保険などノーリスクの「元本確保型」商品で運用したとしても、税金が減る分だけ確実に得になります。こんな金融商品(制度)は他にありません。一方、「投資信託」などリスク商品を選んだ場合、通常の金融商品は原則20%課税ですが、iDeCoはどれだけ運用益が出ても非課税です。築いた資産は加入期間に応じて60~65歳から受け取り始めますが、このときにも税制優遇が受けられます。この3つの税制優遇メリットを活用しない手はありません。

基本的に終身で受け取れる国民年金基金と異なり、iDeCoは有期年金ですが、「未来の自分への仕送り」と考えて早めに取り組むことをお勧めします。現在は60歳未満の人しか入れませんが、近年の定年延長の動きを受けて、iDeCoの加入対象年齢も65歳まで延長される可能性が高くなってきています。今50歳の人なら、後15年間非課税で運用できるかもしれないのですから、加入しないのは損だとさえ言えるでしょう。

年金はいくらもらえる？　どう計算する？

では公的年金というものは、どのくらいもらえてどう計算するのでしょうか。

国民年金は保険料を40年間（480カ月）納めると、満額（2019年度は年78万100円）になります。加入期間の長さだけで受取額が決まるので計算しやすく、2019年度の場合は78万100円×加入期間（月数）÷480となります。仮に30年間しか保険料を納めていなかった場合は58万5075円です。ただ満額の78万100円でも月に直せば6万5008円で、夫婦2人分を足しても約13万円です。厚生年金のモデル世帯（平均的な男子賃金で40年間厚生年金に加入した夫と、40年間専業主婦の夫婦）の受取額の22万1504円と比べると、60％に少し欠ける水準になってしまいます。

一方の厚生年金は加入期間だけでなく、その人の給与で決まる「平均標準報酬月額」によるのので、国民年金ほど簡単には計算できません。働き方でも変わり、先ほどモデル世帯では月22万1504円だと出てきましたが、夫婦ともに会社員か公務員の「ダブル厚生年金」の世帯は、それより多く受け取れる可能性が高いでしょう。また厚生年金は物価水準などに合わせて年度ごとに見直しされるので、将来の受取額の予測がしにくい難しさもあります。

2019年8月には5年に1度の財政検証が行われ、20〜30年後の厚生年金の受取額は現在より2〜3割目減りするという見通しが厚労省から示されました。経済が順調に成長する「楽観シナリオ」の場合には2046年度の年金額は26・3万円となり、今の22万円より増えて見えますが、物価上昇率2%と考え合わせると実質的には16%の減少になります。「中間シナリオ」では2047年度に24・0万円となり、同じく1・2%の物価上昇を入れれば実質18%減。経済が低迷する「悲観シナリオ」では2052年度の受取額は18・8万円まで下がり、物価上昇率も0・5%で低迷しているとはいえ、今と比べると実質26%もの減少です。暗い気持ちになる予測ですが、後述するように「年金額を増やす方法」もあるのです。

「ねんきん定期便」で年金の見込額を調べる

年金予想額を調べる際、手軽なのは年1度、誕生月に届く「ねんきん定期便」を見ることです。

50歳未満の人の「ねんきん定期便」(裏)

1．これまでの保険料納付額（累計額）

（1）国民年金保険料（第1号被保険者期間）	円
（2）厚生年金保険料（被保険者負担額）	
一般厚生年金期間	円
公務員厚生年金期間	円
私学共済厚生年金期間	円
（1）と（2）の合計	円

A

この定期便は、下記時点のデータで作成しています。
納付記録がデータに反映されるまで日数がかかることがあります。

国民年金および一般厚生年金期間	公務員厚生年金期間（国家公務員・地方公務員）	私学共済厚生年金期間（私立学校の教職員）

「ねんきん定期便」の見方は、 定期便 通知書の見方 検索

2．これまでの年金加入期間（老齢年金の受け取りには、原則として120月以上の受給資格期間が必要です）

国民年金（a）			船員保険（c）	年金加入期間 合計（未納月数を除く）（a+b+c）	合算対象期間等（d）	受給資格期間（a+b+c+d）
第1号被保険者（未納月数を除く）	第3号被保険者	国民年金 計（未納月数を除く）				
月	月	月	月			
厚生年金保険（b）						
一般厚生年金	公務員厚生年金	私学共済厚生年金	厚生年金保険 計			
月	月	月	月	月	月	月

3．これまでの加入実績に応じた年金額

（1）老齢基礎年金	円
（2）老齢厚生年金	
一般厚生年金期間	円
公務員厚生年金期間	円
私学共済厚生年金期間	円
（1）と（2）の合計	円

B

お客様のアクセスキー

※アクセスキーの有効期限は、本状到着後、3カ月です。

右のマークは目の不自由な方のための音声コードです。

日本年金機構サイトより。平成31年度のサンプル

節目の年(35歳、45歳、59歳)には分厚い封書が届き、それには「全期間の年金記録情報」が記載されています。それ以外の年にはハガキで来るため「直近1年間の情報」が載っています。封書にもハガキにもあるのが「これまでの保険料納付額(累計額)」と「これまでの加入実績に応じた年金額」といった欄です。

なおハガキの場合は50歳未満と50歳以上の人とで書式が違っていて、見方も異なるので注意が必要です。50歳未満の人に来るハガキには「これまでの保険料納付額(累計額)」(上図のA)と「これまでの加入実績に応じた年金額」(上図のB)が載っていますが、加入している期間が短いため、ここに出てく

■50歳以上の人の「ねんきん定期便」(裏)

2．これまでの年金加入期間（老齢年金の受け取りには、原則として120月以上の受給資格期間が必要です）

国民年金 (a)			船員保険 (c)	年金加入期間 合計（未納月数を除く）(a+b+c)	合算対象期間等 (d)	受給資格期間 (a+b+c+d)
第1号被保険者（未納月数を除く）	第3号被保険者	国民年金 計（未納月数を除く）				
月	月	月	月			
厚生年金保険 (b)						
一般厚生年金	公務員厚生年金	私学共済厚生年金	厚生年金保険 計			
月	月	月	月	月	月	月

3．老齢年金の種類と見込額（年額）（現在の加入条件が60歳まで継続すると仮定して見込額を計算しています）

受給開始年齢		歳～	歳～	歳～	歳～
(1) 基礎年金					老齢基礎年金 円
(2) 厚生年金		特別支給の老齢厚生年金	特別支給の老齢厚生年金	特別支給の老齢厚生年金	老齢厚生年金
一般厚生年金期間			(報酬比例部分) 円	(報酬比例部分) 円	(報酬比例部分) 円
			(定額部分) 円	(定額部分) 円	(経過的加算部分) 円
公務員厚生年金期間		(報酬比例部分) 円	(報酬比例部分) 円	(報酬比例部分) 円	(報酬比例部分) 円
		(定額部分) 円	(定額部分) 円	(定額部分) 円	(経過的加算部分) 円
		(経過的職域加算額(共済年金)) 円	(経過的職域加算額(共済年金)) 円	(経過的職域加算額(共済年金)) 円	(経過的職域加算額(共済年金)) 円
私学共済厚生年金期間		(報酬比例部分) 円	(報酬比例部分) 円	(報酬比例部分) 円	(報酬比例部分) 円
		(定額部分) 円	(定額部分) 円	(定額部分) 円	(経過的加算部分) 円
		(経過的職域加算額(共済年金)) 円	(経過的職域加算額(共済年金)) 円	(経過的職域加算額(共済年金)) 円	(経過的職域加算額(共済年金)) 円
(1)と(2)の合計		円	円	円	円

C

※年金見込額は今後の加入状況や経済動向などによって変わります。あくまで目安としてください。

「ねんきん定期便」の見方は、 定期便 通知書の見方 検索

右のマークは目の不自由な方のための音声コードです。

お客様のアクセスキー

※アクセスキーの有効期限は、本状到着後、3カ月です。

日本年金機構サイトより。平成31年度のサンプル

る数字はあまり参考になりません。特にBは多くの人にとって驚くほど少ない年金額が書かれているはずですが、実際にこの額しか受け取れないわけではありません。「これは短い期間のデータを基にした試算だから、将来はもっと増えるはず」と考え、あまり気落ちしないことが大切です。

一方、50歳以上の人のハガキには表面の「これまでの保険料納付額（累計額）」に加え、裏面に「老齢年金の種類と見込額（年額）」（上図C）が載っており、この見込額こそが注目したい数字です。

これも確定した数字ではなく今の年金加入状況（主に収入）が60歳まで続いたとしたらこうなる……という試算の結果なのですが、50歳を超えてくる

と加入期間も長くなり、試算も正確になってくるので「だいたい近い額」が記載されています。それでも多くの人にとっては思っていたより大分少ない額のようで、書いてあるのは年額なのですが、「あんまり少ないので、毎月これだけもらえるのかと思ったよ!・」という笑い話をしばしば聞きます。もっとも、ねんきん定期便の見込額には年下の妻の扶養手当に当たる加給年金、振替加算、厚生年金基金などの額は入っていませんので、そのせいもあるでしょう。

さて、実はもっと正確に年金額を知る方法があります。それはハガキ裏面の左側に書いてある「ねんきんネット」を使うことです。パソコンやスマートフォンで日本年金機構の「ねんきんネット」(https://www.nenkin.go.jp/n_net/)に接続すると、紙のねんきん定期便より細かく、豊富な情報が得られるのです。年金記録の一覧表示、年金見込額試算、不足している保険料を追納できるかどうかの確認、電子版のねんきん定期便の表示など、様々なことができます。

特に便利なのが年金見込額試算で、初めての人向けの「かんたん試算」のほか、「質問形式で試算」「詳細な条件で試算」と盛り沢山です。「詳細な条件で試算」では、「60歳で退職しないで65歳まで働いたとすると」「年金受け取りを68歳まで我慢したとすると」など、条件を様々に変えて受取額の試算ができるので、これを基に老後の働き方を考えることもできます。

なお「ねんきんネット」に初めてアクセスするときには自分の基礎年金番号と、「アクセスキー」という仮パスワードのようなものが必要になります。このアクセスキーもねんきん定期便のハガキに記載されているので、早めに確認しておくといいでしょう。

厚生年金は計7000万〜8000万円受け取れる

さて、仮に厚生年金の今のモデル世帯の受取額（月22万1504円）が将来も変わらないとしたら、生涯ではどのくらい受け取れるのでしょうか。65歳から90歳まで25年間受け取れば約6645万円で、夫婦ともに長生きして95歳まで30年間受け取るとすれば約7974万円になります。ほぼ7000万〜8000万円という高額ですが、仮に**7000万円として退職金の約2000万円と合わせると、「収入の部」の合計は9000万円**にもなります。

「支出の部」の合計額は1億300万円でしたから、不足分は1300万円と計算され、「生活費のかなりの部分は退職金と公的年金で補える」と言えるのではないでしょうか。

そしてこれに、現在いくら持っているのか（貯蓄額）を合わせて計算すれば、老後資金の本当の過不足が計算できます。仮に今、手元に1300万円あるとすれば、生きていくだけならほぼ問題はないと言えそうです。それ以上の蓄えがあるなら、多少は親のために使うこともできるわけです。また親兄弟の手前、おおっぴらに口にはしにくく、計算も簡単にはできないのですが、いずれ相続で受け取ることになるものがどのくらいあるのか（それともないのか）も一応考えに入れておく必要はあるでしょう。いずれ親から多くのものを受け継ぐことになるのであれば、今、親のために多少の援助をしても問題はないわけですから。

公的年金は破綻するのか。答えはNo!

2019年夏には「年金2000万円不足問題」が世間を騒がせました。今の高齢無職世帯の年金収入が月20・9万円、支出が最初に見たように26・4万円ですから毎月の赤字は約5・5万円で、30年間なら不足額は約2000万円になります。この計算も、「だから早いうちから投資で備えを!」という金融庁の考え方も正しかったのに、2000万円という数字が独り歩きして「国が年金崩壊を認めた」といった誤解が広がってしまい、金融関係者を閉口させました。

このように公的年金では常に「破綻するかどうか」が話題になりますが、久留米大学商学部の塚崎公義教授は「公的年金制度が破綻して年金が払えなくなると、国はその分を生活保護の仕組みを使って補わなければならなくなる。しかし、それは年金制度を維持するよりもはるかに高コストになるため、国が年金制度を破綻させることはないと考えられる。ただし将来の受取額が今より低くなることは予想しておくべき」と言っています。

公的年金には現役人口の減少や平均余命の延びに合わせて年金額を自動的に調整(減額)していく「マクロ経済スライド」という仕組みもあるため、実際にはこれまで見てきた予想額より低い額になるかもしれません。それでも年金制度自体が破綻するわけではないので、その不足分を補うために自分には何ができるのかを考える方が建設的でしょう。塚崎教授も「70歳まで働いて、年金を受け取るのを70歳からにすればさらに安心」としています。

年金を142%に増やす方法

そこでこの章の最後に、「年金を増やす方法」を幾つか考えてみます。老後資金の最大の問題は、長生きしているうちにインフレが進み、退職時に持っていた資産の価値が目減りしてしまうことです。従って方法があるのなら、少しでも増やすことを試みるべきなのです。

一番簡単なのは今も出てきたように、年金受け取りを遅らせることです。年金は申請主義なので、65歳になったら自動的に振り込みが始まるわけではなく自分で申請しなければもらえません。だから遅らせるというのも、支給開始前に届く「年金請求書」を出さずにいるだけでいいのです。これを繰り下げ受給といい、1カ月遅らせるごとに年金額は0・7%ずつ増えていきます（ただ現実には繰り下げを選ぶ人は約2%しかいません）。

現在は最長で70歳まで受け取り開始を遅らせることができますが、この場合は65歳で受け取るのに比べると、何と142%にまで増えることになります。月に18万円受け取るはずだった人では約25・6万円になり、この額が生涯にわたって続きます（65歳より早くもらう方の「繰り上げ受給」では1カ月早めるごとに額が0・5%ずつ減っていき、こちらも、その減った額が生涯にわたって固定されます）。マイナス金利時代ですから、どんな金融商品で運用してもこれほどの高利回りを、しかも「確定利付き」で得るのは不可能です。

「そうは言っても70歳まで我慢して、71とか72歳で死んだら損では？」と思う人もいるでしょう。計算上は受給開始から常に11年11カ月後が〝損益分岐点〟になりますので、70歳まで我慢した場合は、82歳より長く生きればそういう意味での〝損〟はなくなります。しかし、そもそも生涯支給される公的年金というのは長生きリスクに備える「保険」であり、投資商品ではありません。第一、死んだらもうその先のことは考えなくていいわけですから、損も得もないのです。

全体的に長生き家系の人なら「70歳まで我慢してみるか」とゆるく決めて始め、途中で「やっぱり年金が欲しいな」と思うようになったら67とか68歳で「支給繰下げ請求書」を出してもいいのです。厚生年金加入者であれば、厚生年金と国民年金（基礎年金）を別々に繰り下げることもできます。またFPがよく勧めるのは、夫の年金は65歳から受け取って生活の柱とし、より長生きして生活費が長期間必要になる妻の方の年金だけ繰り下げ受給して、世帯での年金額を増やす方法です。年金は意外と柔軟なので、こういった組み合わせプランも有効なのです。

なお2019年の初めに、厚労省はこの繰り下げを75歳までできるようにすることを検討中だと報じられました。75歳まで我慢した場合は142％どころか1・9倍に増えるといった試算もあり、これなら老後生活は相当楽になりそうです。しかし、この場合も〝損益分岐点〟は11年11カ月先まで延びるので、87歳を超えて長生きしないと〝元は取れない〟わけです。公的年金は長生き保険で損得はないと書きましたが、それでも87歳というのはかなりの高齢です。平均寿命が87・3歳の女性はともかく、81・2歳の男性（18年の数値）には相当厳しい壁ですので、あまり無理をせず、現実的な年齢で受け取り始めるのがいいでしょう。

「なるべく長く働く」のが最強のソリューション

もう一つ、現実的かつ今の時流にも合っているのが、60代以降もなるべく長く働いてお金を貯めつつ、年金保険料を払い続けることで受取額を増やす方法です。

国民年金の場合、60歳を過ぎても加入期間が480カ月に達していない人は「任意加入」の届け出をして、60～65歳までの5年間、保険料を納めることができます。これにより加入期間が480カ月に近づけば、受取額も満額に近づくわけです。ただし、繰り上げ受給で年金を早くもらい始めている人は、当然ですが国民年金の任意加入はできません。

会社員などの場合も、定年後に会社の再雇用に応募するとか他の会社に転職するなどして厚生年金保険料を納め続ければ、同様に年金の受取額を増やすことができます。どのくらい増えるのかを、前述のねんきんネットを使って試算してみましょう。

会社員Aさんは今55歳で、「かんたん試算」のコーナーでは月収が62万円と表示されています。このままの条件で60歳まで働いた場合、65歳からの年金見込額は月18万2497円と出てきます。画面には60～84歳までのグラフや金額の入った細かい表も出ており、65～84歳までの毎年、200万9818円～219万2531円を受け取れると表示されています（仮にこれら全てを合計すれば約4367万円になります）。しかし60～65歳までは働いていないので収入はゼロで、この間は貯蓄を取り崩すのみになってしまいます。

一方、この人が同じ会社で再雇用に応じ、65歳まで働いたとしましょう。再雇用なので月収を仮に15万円として「試算」を押すと、65歳からの年金見込額は月19万3035円と、1万円以上多い額が表示されました。この場合、65～84歳までの年金総額も約4619万円と増えていますが、60～65歳の再雇用の収入もあるので、その全てを足すと約5519万円になります。

さらにAさんが65歳で再雇用を終えたとき、「まだ元気だから」と年金をすぐには受け取らず、基礎年金はちょっと繰り下げて66歳から受け取り始めるが、額が多く繰り下げ効果の高い厚生年金は68歳までもらわないことにした……と仮定します。こういう細かい試算もねんきんネットでは簡単にできるのですが、この場合の年金見込額は66～68歳の間が月6万3275円、

68歳以降が月23万1874円と表示されました。年額ではいろいろ合わせて278万5057円です（左ページの図）。再雇用時代の収入や繰り下げで増えた年金を合計すると、我慢した甲斐があって全部で約5763万円になっています。再雇用も繰り下げもしなかった場合の年金総額は約4367万円でしたから、1400万円近く増えたことになります。

68歳以降、生涯にわたって毎月約23万円受け取れるというのはなかなか心強い数字で、これに奥さんの年金も足せば、おそらく「今の」高齢世帯の毎月の支出額25万〜26万円はクリアできるでしょう。あくまで試算ではありますが、「なるべく長く働き」「年金は繰り下げ受給する」ことのパワーを実感していただけたのではと思います。

最後に、老後資金に関する著作が多い経済コラムニストの大江英樹さんのコメントを紹介しましょう。大江さんは著書『定年3・0』（日経BP）の中で、「現在の高齢無職世帯の毎月の赤字額は約5・5万円なのだから、夫婦2人でそれよりも多い額、例えば月8万円程度稼げればそれだけで老後破綻はなくなる」としています。「老後の3大不安はお金と健康と孤独。できる限り長く働けば貯蓄の取り崩しも遅らせられるし、働くことは健康にもいい。3大不安のうち一番深刻な『孤独』にも陥らずに済む」（大江さん）。老後資金が足りない、年金が少ないと悩むのではなく、発想を切り替えて「夫婦がそれぞれ月4万円稼げれば、生きていくことはできるんだ」と考えた方が幸せになれそうです。

■「ねんきんネット」での試算の例

（65歳まで再雇用、老齢基礎年金を66歳まで繰り下げ、老齢厚生年金を68歳まで繰り下げ）

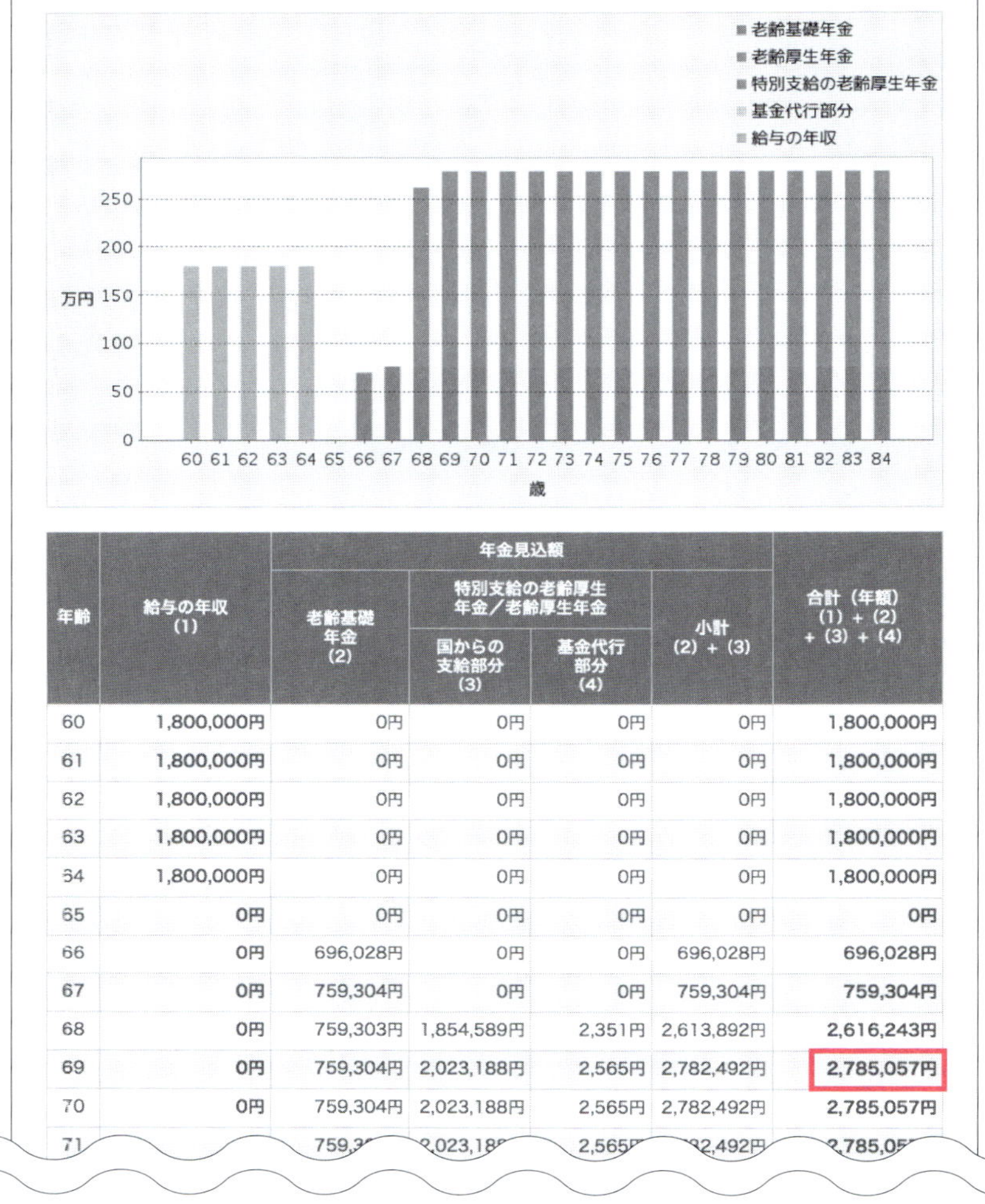

年齢	給与の年収 (1)	年金見込額				合計（年額） (1) + (2) + (3) + (4)
		老齢基礎年金 (2)	特別支給の老齢厚生年金／老齢厚生年金		小計 (2) + (3)	
			国からの支給部分 (3)	基金代行部分 (4)		
60	1,800,000円	0円	0円	0円	0円	1,800,000円
61	1,800,000円	0円	0円	0円	0円	1,800,000円
62	1,800,000円	0円	0円	0円	0円	1,800,000円
63	1,800,000円	0円	0円	0円	0円	1,800,000円
64	1,800,000円	0円	0円	0円	0円	1,800,000円
65	0円	0円	0円	0円	0円	0円
66	0円	696,028円	0円	0円	696,028円	696,028円
67	0円	759,304円	0円	0円	759,304円	759,304円
68	0円	759,303円	1,854,589円	2,351円	2,613,892円	2,616,243円
69	0円	759,304円	2,023,188円	2,565円	2,782,492円	**2,785,057円**
70	0円	759,304円	2,023,188円	2,565円	2,782,492円	2,785,057円
71	[illegible]	759,3[illegible]	[illegible]2,023,18[illegible]	2,565[illegible]	[illegible]2,492[illegible]	2,785,05[illegible]

chapter 2

老人ホームとお金

自分自身の老後資金が把握できたところで、親の老人ホーム入居にまつわるお金の問題を考えてみましょう。まず、一番肝心なポイントは「親の老後はできるだけ親自身のお金でなんとかする」ということです。

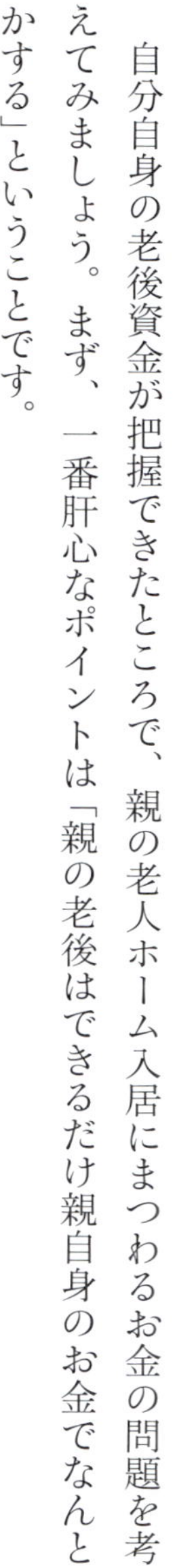

親の老後は親のお金で。介護離職も避ける

介護費に関してよく出てくる言葉に「横出しサービス」と「上乗せサービス」があります。横出しというのは「介護タクシー」や「家事代行サービス」「配食サービス」など、介護保険でカバーされないサービスを民間の業者などを利用して受けることで、費用は全額自己負担になります。上乗せは介護保険のサービスを規定の回数や時間を超えて利用することで、介護保険の支払い限度額を超えた部分ですのでこちらも全額自己負担になります。

いずれも子どもの手が足りない部分を補うためにやむなくお金の力を借りるわけですが、全額が自己負担になる以上、できるだけ介護保険の範囲内で収めないと後が苦しくなります。

■ 横出しサービスと上乗せサービス

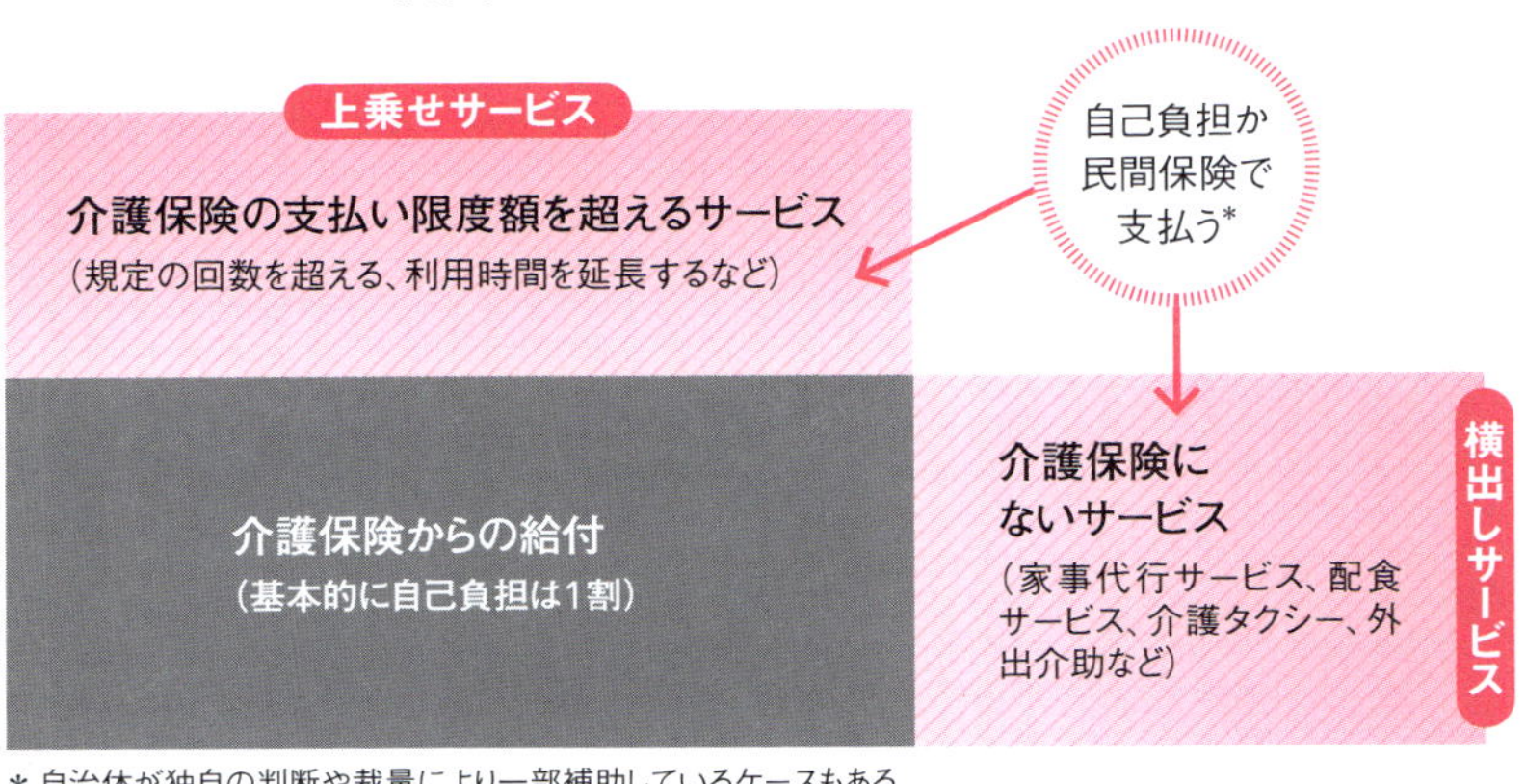

＊ 自治体が独自の判断や裁量により一部補助しているケースもある

この辺がよく「親の介護のお金で〝かかる〟と〝かける〟は区別するべき」と言われる部分です。つまり、大切な親の介護や老後生活に子どもがお金を〝かける〟気になればいくらでもかけられるのですが、それでは自分の老後資金が足りなくなり、最悪共倒れになってしまいます。ですので、「自分自身の老後のことも考え、〝かかる〟分だけにとどめておくべき。親の老後はできる限り親自身のお金で何とかするのが望ましい」（FPの深野康彦さん）のです。

実際、親は親で子どもに迷惑をかけたくないという思いから、時間をかけて老後資金を用意してきていると思います。従って親の老人ホームの入居費などは極力その中で賄うべきであり、大切な両親であっても、子どもが自分を犠牲にして親を背負うのは良いこととは言えません。また、無理をしないという意味では親に関する負担は子どものうち誰か1人ではなく、できるだけ全員が均等に負うようにしたいものです。

前出のＦＰの黒田尚子さんは「子どもは親を援助しなければという気持ちが非常に強い。しかし民法上は『子どもが自分の生活をちゃんとした上で、余裕があれば親を扶養する義務を負う』となっているので、援助が満足にできなくても気に病む必要はない。むしろ実際の相談で多いのは『1年、2年のつもりでホームのお金を出したが、その後親が元気になって入居が長引き、援助できなくなった』というもの。途中で打ち切られる親はたまったものではない。援助するなら、親が亡くなるまで継続的にできるかどうかを検討してから」と言います。

また「親が要介護と認定されケアマネジャーが付いた場合は、最初に親の資産や年金額だけでなく、子どもの家計状況なども確認されるケースが少なくない。要はお金をいくら出せるかで、それ次第でケアプランが決まる。なのでそこでは絶対に見栄を張らないこと。正直に話し、あくまでも親のお金の範囲内でプラン化してもらわないと後が苦しくなる」（黒田さん）。

同様に、介護離職も極力避けるべきです。法で定められた介護休業や介護休暇の制度を生かし、その間に状況を整理して、どうすれば仕事を辞めずに済むかを考えましょう。老人ホーム選びや老後資金、介護などに詳しいＦＰの畠中雅子さんは「親のために子どもが介護離職して、その結果、子どもの方が破産に近い状態になっているケースの相談を受けている。それでは元も子もないので介護離職は避けるべきだし、基本的に家族介護には反対だ」としています。

黒田さんも「ケアマネジャーらが口を揃えるのは、たとえ介護離職してもプロではない子どもには大したことはできないということ。むしろ収入はなくなるし、50代などであれば自分の年金はまだ先なので使える介護サービスが減っていき、親と日中2人きりでいると息がつまり……と、ストレスがたまる一方の〝負のループ〟に入ってしまう。自分で直接介護できないことに罪悪感を覚える必要はなく、社会資源や他者の力の活用を考えるべき」と言います。

なお介護休業（通算93日まで）や介護休暇（年間で5日まで）を取っても収入がゼロになるわけではなく、会社員なら介護休業中にも雇用保険から介護休業給付金が支給されます（原則として休業開始前の賃金月額の67％）。ただ、「これらの休職期間は親を直接介護するための期間ではなく、一旦仕事を休んで介護のシステムを構築するための準備期間。日数が短か過ぎて看取り以外の介護には使えない」（黒田さん）のをあらかじめ知っておきましょう。

いずれにせよ老後に頼れるのはお金しかないのに、親の面倒を見るために収入の道を閉ざしてしまうのでは本末転倒で、自分の老後が破綻しかねません。前に見たように、老後生活を安定させるには「できるだけ長く働いて」「年金を増やす」ことがポイントなのですから。

高齢者はかなりの資産と家を持っている

ここからは親に自分のお金で老人ホームに入ってもらうために、まず親の資産をどう把握すればいいのかを考えてみます。

■世帯主の年齢階級別1世帯当たり家計資産の内訳（2人以上の世帯）

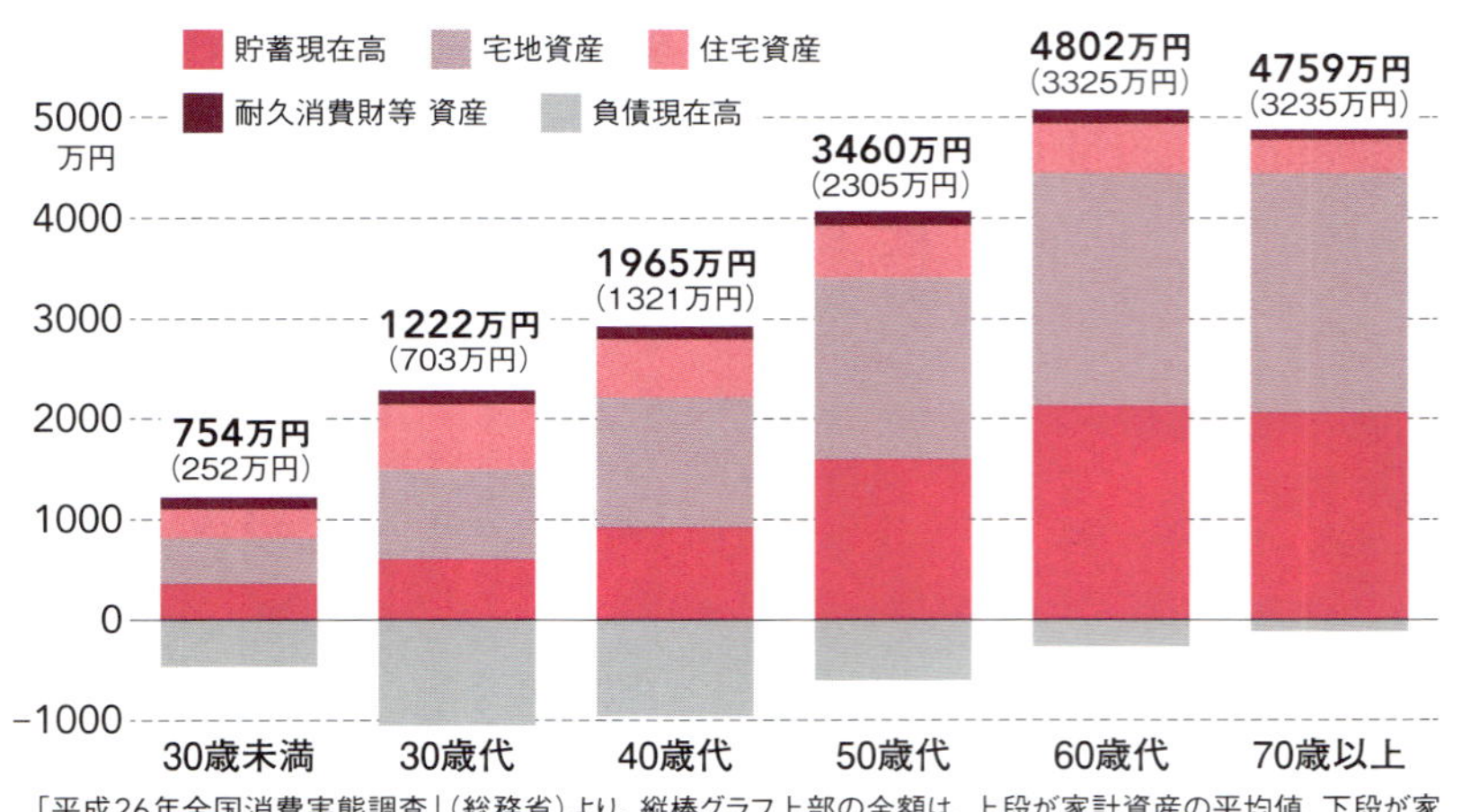

「平成26年全国消費実態調査」（総務省）より。縦棒グラフ上部の金額は、上段が家計資産の平均値、下段が家計資産の中央値

その前に統計データで高齢者の貯蓄額を見てみましょう。総務省の「平成26年全国消費実態調査」（家計資産に関する結果）で2人以上の世帯の家計資産（平均値）を世帯主の年齢別に見ると、30歳未満が754万円、30歳代が1222万円、40歳代が1965万円、50歳代が3460万円、60歳代が4802万円、70歳以上が4759万円となっています。平均値は大富豪がいると上振れしてしまうのでデータの真ん中に当たる中央値で見ると、全年代ともこれより資産額は少なくなります。それでも年齢が進むにつれて資産が大きく増えているのが分かります。

とはいえこれは住宅や宅地の価格を含んだものですので、それらを除いた単純な「貯蓄現在高」で見ると、30歳未満が361万円、30歳代が600万円、40歳代が924万円、50

歳代が1596万円、60歳代が2129万円、70歳以上が2059万円となります。年金2000万円不足問題では「どうすれば高齢者が2000万円も貯められるというのか」と騒がれましたが、統計上は高齢者も貯蓄だけで2000万円以上持っていることになるのです。

もう一つ、内閣府の「平成30年度 高齢者の住宅と生活環境に関する調査結果」を見ると、60歳以上の高齢者では持ち家（一戸建て）が81・4%で、持ち家（集合住宅）の6・8%と合わせると全体での持ち家比率は88・2%に達しています。経済的弱者とされることが多い高齢者ですが、実際には9割近い人が何らかの不動産を持っていることも分かります。

そして両親ともホームに入ればこれらの実家は空き家になってしまいますが、放置は禁物で、売ってお金にするか、賃貸に出して家賃収入を稼ぐかを考えるべきです。放置しておいて行政に「特定空き家」（危険、不衛生などの問題のある空き家）と認定された場合、固定資産税が6倍に跳ね上がる恐れもあります。最近では262ページからのリバースモーゲージや「マイホーム借上げ制度」などを使い、所有権を手放さずに資金を作る方法も増えてきています。

どうやってお金の話を切り出すか

我々日本人は独特の金銭観を持っていて、日常生活の中でお金に関する生々しい話をするのをよしとしません。ましてや親が要介護状態になって施設に入ることを前提に「お父さんは一体いくら資産を持っているの?」とはとても聞けません。親を尊敬している場合には特にそうでしょう。しかし、親の資産が分からないと「いつまで、いくら出せるか」が決まらないので、ホーム選びは進まなくなってしまいます。どうにかしてこの話をうまく切り出せないものでしょうか。畠中さんは「紙に書くこと」だとしています。

「いくら親でもいきなり貯蓄額を聞くと怒るだろうし、高齢者なので会話だけでは知りたいことにたどり着けない。そこで、親にアンケートを取るつもりで『要介護になったとき、どうしても家にいたいか』『寝たきりになっても住み替えはしたくないか』『年金はいくらか』などの質問を書いておき、それを渡して親の意思を書いてもらう。コピー用紙数枚に質問を手書きするくらいでよく、一度書いてもらえば〝証拠〟としても残せる。仮に回答してくれなくても読まないことはないので、子どもが何を気にしているかを伝えることができる。

夫婦でも、夫が貯蓄額を教えてくれないという話をよく聞く。その場合も妻が先に自分の貯蓄額を紙に書いて渡すと、夫も観念して書いてくれるものだ。親との間もそんな感じで『国民年金はいくらもらっている?』『厚生年金は?』などいろいろ聞いたあと、そろそろ観念して教

えてくれそうだなと感じたら、最後に貯蓄額を書いてもらうといい」（畠中さん）。

一方、黒田さんは「3ステップ」で会話していくことを勧めています。「そもそも親にせよ子にせよ、懐具合を探られるのは嫌なもの。特に親としては『たくさんある』と思われると狙われそうだし、『少ししかない』と思われるのも情けない。なので、何のためにお金のことを聞くのか（＝親自身のため）を親に納得してもらえるように説明するのが大前提」。

その上で、①まず親がどういう老後を送り、最期を迎えたいのかのイメージを話し合う（在宅か施設か、倒れて運ばれたときに延命措置はどうするのかまで含めて親の意思を確認）、②その希望に対していくらお金がかかるのかを説明し、では現在の貯蓄や年金額はどれくらいなのかを教えてもらう（エンディングノートなどを使い、親子で一緒に相談しながら重要な所を書いて埋めていく。相続まで考えると銀行の支店名や口座番号は必ず聞いておく）、③最後に資産の棚卸しをして、「これくらいの所に入りたいなら今の貯蓄では少し足りないよね、どうしようか」と細かい相談を進めていく――という3ステップです。

どちらも書くことが重要だとされており、その際は市販のエンディングノートを使うのも良さそうです。終活ブームもあって書店には様々な種類のノートが売られており、どれも親の資産を把握するには十分なものになっています。特に、青春時代など昔のことを思い出しながら書き込んでいくページが充実しているものは人気があり、親も楽しみながら書いてくれるといいます。つまり、ノートを渡して「書いといて」ではなく、「この時はどんなことがあったの」と話を聞きながら一緒に書いていくのがポイントです。全てを正確に埋めてもらう必要はなく、だいたいの資産額が把握できれば十分ですが、貯蓄額（ストック）と年金などの収入（フロー）の両方を知っておくのが重要です。年金は預金通帳を見せてもらえれば簡単に把握できます。

もう一つの問題はこれらの相談をいつするかです。親が元気なうちは得てしてお金や介護の話は先送りされ、結果として対応が後手に回るケースがほとんどです。例えば病院から「1週間後に退院してください、それまでに次の受け入れ先を探してください」と言われ、慌てて施設を探したり、お金の手当てを家族会議で決めたりするようなケースが多いでしょう。しかし246ページの認知症の問題などもあり、「気づいたときには既に手遅れ」ということもあります。従って親が元気で判断能力もある今こそ、この話を切り出しておく必要があると言えます。

黒田さんは「それに加え、軽く転んで入院した、療養が長引かない病気にかかったなど、親が『ちょっとだけ困ったとき』も切り出すのには良いタイミング。特に男性は『ワシは死なない！』などといつまでも元気な気でいるので、多少困らないと先の深刻さが分からない。ちょっと事が起これば『保険証券の在りかを教えておかなきゃ』など、真剣になってくれるからだ」としています。

■親の資産から見る「老人ホームに使えるお金」

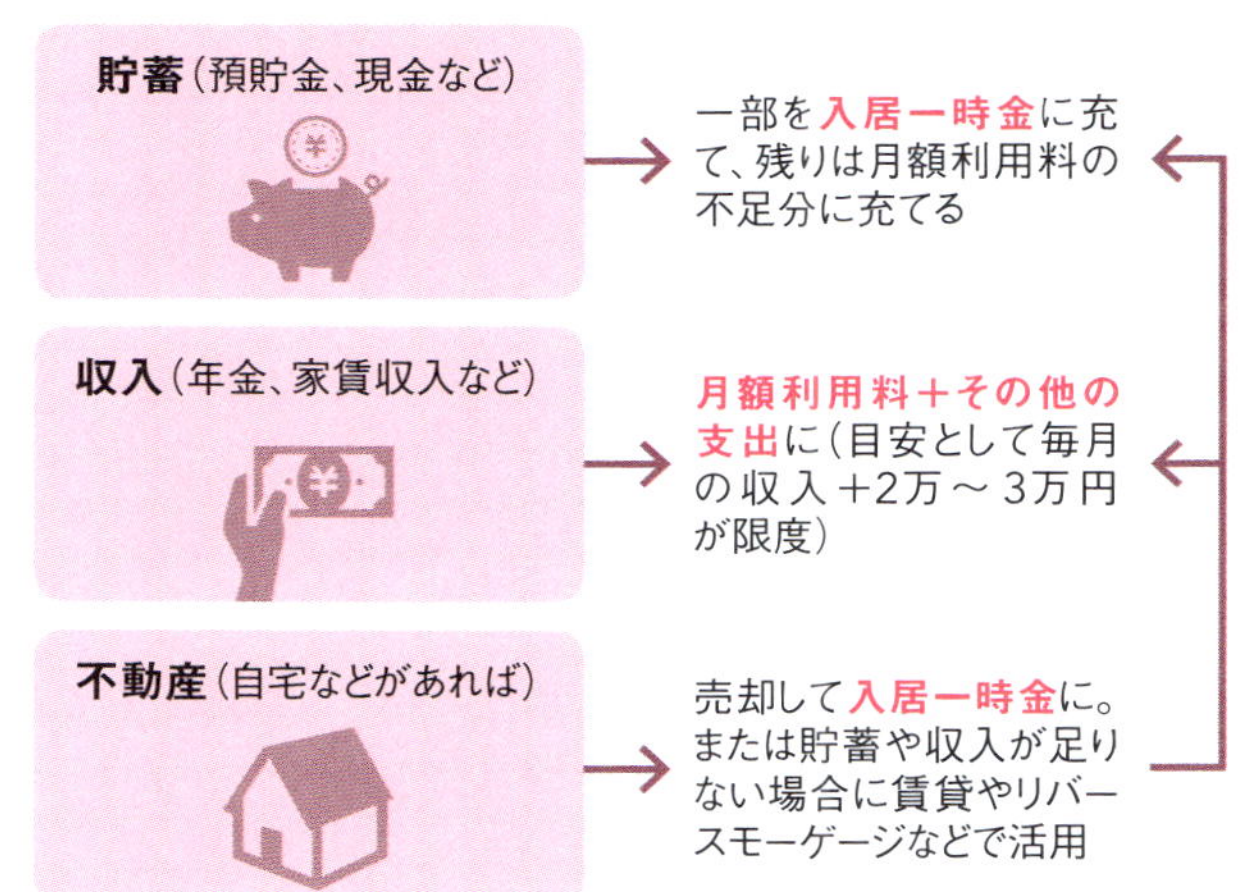

入居にはどんなお金がかかるのか

親の貯蓄額と毎月の収入を把握できたら、老人ホーム選びの資金計画に取りかかりましょう。第1章で見たように高齢者施設の中でも特養や老健など公的な介護施設は入居一時金がなく、月額利用料だけで入れますが、民間の有料老人ホームに入るには、入居一時金と月額利用料の両方を払うのが一般的です。親の貯蓄額（ストック）は入居一時金、収入（フロー）は月額利用料をどれだけ出せるかの目安になります。

入居一時金はホームが想定した入居期間（償却期間。介護型で5年など、自立型で10～15年など）の家賃相当分を前払いする方式で、数百万円から数千万円といった大きな額が必要になりますが、最初にこれをまとめて払ってしまうことで、償却期間を超えて長生きしても終身そのホームに住めるという安心感があります。全額を一度に払うのが基本ですが、ホームによっては一部を払って残りを分割で払うこともできます。前払いなので資金計画が立てやすく、長生きした場合にも不安が少ないのがメリットです。

しかし最近は、必ずしも最初にまとまったお金がないと老人ホームに入れないわけではありません。「現在は国の指導で、入居一時金がゼロの月払いプランも提示しなければならないことになっている。ただ一時金方式と月額利用料のどちらかが正解ということはないので、その人の年齢と資産との関係で選べばよい」(畠中さん)。

なお、「高額な入居一時金を払っても、親がすぐ亡くなったときや事情ですぐ出ることになったときはどうなるのか」と思う人もいるでしょう。第2章でも見た通り、この場合も返還金制度を設けているホームの場合は一定のルールに沿った額が戻ってきます。入居一時金からはまず「初期償却」として、ホームに10～30％程度の額を引かれます。これは償却期間を超えて長生きする人がいるとホーム側の持ち出しが増えるので、その穴埋めの原資にするという考え方です(これがあるから、終身そこで暮らすことが保証されているともいえる)。そして初期償却を差し引いた残りを、償却期間の残りの年数に比例して返すという仕組みです。例えば償却期間が5年であれば、入居して1年で亡くなったとしたら4年分が返金されます。

ところで細かい話ですが、昨今は入居一時金をホームに払うだけでも一苦労があるようです。「90歳の母のキャッシュカードを預かってATMに向かったが、今は1日50万円までしか引き出せない上、母が1日20万円までに限度額を変更していたので、入居一時金の全額は到底下ろせなかった。結局銀行の窓口で対応してもらったが、本人確認の書類から施設への支払いの証明書まで大量の書類を用意させられ、お金を振り込むだけでも相当な手間がかかった」。最近、親のホーム入居を手伝ったばかりの人からこんなエピソードも聞きました。

その他の支出も合わせ、余裕が必要

入居一時金に対して、一方の月額利用料というのは主に管理費や水道光熱費、人件費、上乗せ介護費などです。一時金なしの月払いの場合は家賃相当額も月額利用料に入ります。ホームによって内訳は異なりますが、食費も月額利用料に含むところがあります。

問題は、毎月かかるお金はこれ以外にもいろいろあるということです。例えば医療費や介護保険の自己負担分、日常生活費(石鹸、歯ブラシ、おむつ代など)などで、これ以外の細かいところでは買い物代行、通院付き添い、有料レクリエーションの費用といったホームのオプションサービスの料金もあります。これらオプションサービスは介護保険の範囲外ですので全額自己負担になります。つまり、親の年金収入の全額を月額利用料としてしまうとお金が足らなくなるので、余裕を持った資金計画にしておかなければならないということです。

この点につき畠中さんは、「無理なく払える毎月のランニングコストの目安は年金プラス2万〜3万円」としています。「年金に加え、毎月入ってくる家賃収入などがあれば、それらの合計プラス2万〜3万円の範囲内でホームを探すこと。その2万〜3万円は貯蓄を取り崩して補う。中には『もっと貯金を崩せば月5万〜6万円は出せる』と言う人もいるが、想定より長生きすることもあるし、その後資金計画が狂うこともある。ホームの利用料は値上がりすることはあっても、基本的に値下がりはないので、年金プラス2万〜3万円程度に押さえておくのが現実的」(畠中さん)。

お金が足りないときにどうするか

親の貯蓄や年金額を基に検討したけれども、どうにもお金が足りなくて入れそうな老人ホームが見当たらないというときはどうしたらいいのでしょうか。実家があるなら前述のように売ったり賃貸に出したり、金融機関で不動産担保融資を受けたりしてお金を作るのも一案ですが、第2章で見たように地方のホームを検討するのも一案でしょう。

前出の黒田さんはそれらに加え、「所得の低い人が介護保険施設に入る際に食費や居住費の負担を軽減してもらえる『特定入所者介護サービス費』制度など、公的な軽減サービスの利用を考える。また、在宅か軽費老人ホーム（ケアハウス）入居を検討する。在宅を選んで、看取りまで対応する在宅医療（訪問診療）専門の診療所に来てもらうこともできる。多くの人は『在宅では満足な医療や介護サービスを受けられない』と思っているが、近年、国が地域包括ケアシステムに基づき、在宅介護・医療を推進していることもあり、最近では、24時間体制でしっかり対応する事業者や診療所も増えてきている」としています。

金利下落、リストラ…資金計画が狂うことも

資金計画がうまく進み、親のお金だけで、あるいは子どもたちが多少援助すれば住み続けられそうな老人ホームを見つけて入居したとします。ところが、長い年月の間には思わぬことが起こり、当初の計画が全く狂ってしまうといったこともあるのです。

「これまで2度そういう例に直面したことがある。最初はバブル崩壊のときで、当時は金利水準が高かったために預貯金の運用利回りを5～6％程度と見て、『それならホームへの支払いも利息を含めて十分間に合う』と考えて入居した人がいた。ところがその後、相次ぐ金利低下で利息のあてが外れ、『もう少し安い施設に移りたい』という相談を受けた。

2度目がリーマン・ショックのとき。息子さんたちが親に金銭的支援をしていたが、彼ら自

身がリストラに遭い、残業代もカットされて支援が続けられず、親には安い施設に移ってもらうしかなかった」（畠中さん）。

平均寿命が延び続けている近年は老人ホームで10年以上暮らす人も増えていますので、その間の社会情勢や経済状況の変化によっては入居し続けられなくなることもあるわけです。

「だから、最初から資金的に無理をしないことが大事。特に1人暮らしの男性は、それまでの適当な食生活が一気に改善し、運動もさせられるので、ホームに入ると元気になることが結構ある。男性は常に寿命を短く見積もりがちなので『当初は3年5年と思っていたが、気づいたらホームで15年』という人もいる。そのときに資金ショートさせないためには、親が毎月無理せず払えるお金の範囲で入れる施設を、子どもが事前に探しておくことが必要」（畠中さん）。

「在宅が安い」「ホームは最悪の選択」は誤解

第2章でも見たように、多くの人は「在宅介護の方が安い」「老人ホームの方が高いし、そんな所に親を入れるのは最後の（あるいは最悪の）選択」と思っているのではないでしょうか。しかし、それは単なる思い込みだと畠中さんは言います。

「どちらが安いかは結果論で、実は亡くなるまでは分からない。在宅でも家族介護が成り立つなら確かに安くなるが、それだと家族の人生を奪う可能性がある。ただ、老人ホームの方が絶対に良いとも思っていない。一番いけないのは、実際の施設を見たこともないのに『老人ホームは最悪の選択だ』というイメージで判断する人が少なくないこと。

一方では在宅介護が必ずしも安くないということを知らない人も多い。ケアプランの見方を知らないと訪問介護はかなりの頻度で来てくれると勘違いしがちだが、相当重度な人でも1回30分で日に4～6回などが多いので、実際は親は20時間以上1人ぼっちになる。おむつをしていたら訪問回数が多分足りないから、その分は10割負担の上乗せサービスを利用することになり、かなりのお金が出ていく。

逆に、施設でも多くの人にとって手の届く料金水準の所もある。例えば山陰地方で有名なあるグループホームは、月額12万～13万円（住居費・食費・水道光熱費含む）程度の料金で看取りまでやってくれる。そこで死にたいという人がたくさんいて、入居を待っている人も多い。そういう所なら在宅より安いし、満足感も高いはず。イメージにとらわれず、まず施設見学に行って、自分のお金ならどのくらいの所に入れるのかを可視化するのがよい」（畠中さん）。

見学の際にどこを見るべきなのかや老人ホーム選びの考え方などについて、詳しくは次ページからの畠中さんのインタビューをお読みください。

まず何カ所か見学する。その上で判断を

［ファイナンシャルプランナー　畠中雅子］

17年前に米国の高齢者施設を見たのをきっかけに、FP仲間と一緒に日本の高齢者施設も見学させていただくことになりました。以来、見学は計300回を超え、3日間でまとめて10施設を見学することもあります。介護の世界は「情報戦」ですので、近年は月1回は行くように自分にノルマを課しています。

日本人には施設を一度も見ずにイメージで「老人ホームは最悪の選択、在宅介護が良い」と言う人が多いのですが、時間ができたときに少なくとも5～6カ所見学してみて、その上で判断してほしいと思います。

また老人ホームというと、多くの方は「終の住み家」ととらえて最初に入ったホームに最後までいることを想定しますが、そうできるかどうかは本人の医療依存

度で変わってきます。年を取って医療依存度が高くなったら医療に強い施設が良いわけですが、そういう所は高いのです。病人が多いので会話の相手がいないといった問題もあります。一方、最後まで元気なら、そういう施設に入ってしまうと結果として無駄なサービスにお金をかけたことになります。でも最後まで元気かどうかは入ってみないと分かりません。つまり、最後までいられる施設を1回で探そうと思うとどうしてもコストが高くなってしまうので、住み替えを前提に探すのも選択肢だということです。私自身も最初は自立型のホームに入る予定ですが、どこかで必ずもう1度住み替えが必要だと思っています。

施設を見て歩くときのポイントは、まず「看取り」の内容。最近は「看取りまで行う」と言う所が増えていますが、その内容は様々です。例えば東京都のある区の特養は日本で一番看取りに力を入れていると言われていて、ここで死にたいと、その区に引っ越す人が多いほど有名な施設です。ここは入居者のほとんどと、「最期の瞬間にも病院に搬送しない」という念書を交わしています。ホテルのような部屋が家族向けに用意されていて、そこで家族が最後まで一緒にいられます。亡くなったら一番日当たりのいいきれいな部屋に遺体を安置してお別れができるのです。ただ施設側の負担が非常に大きいため、こういう所は多くありません。ですので「看取りまで」というのがどういう内容なのかを確認したいですね。

次に施設の名称です。介護付有料老人ホームのように施設名に「介護付」とあるかどうかを見ます。そう書いてあれば介護保険法でいう特定施設なので24時間365日介護してもらえますが、「介護スタッフ常駐」「介護対応」「特定施設認可申請中」などは特定施設ではないケースもあります。そうなると介護サービスは在宅と一緒なので、夜間などに対応してもらう際に自己負担が増える可能性がありますし、料金の急な値上がりも気になります。その点特定施設なら値上がりも国の基準に準じるので、極端な値上がりは起こりにくいといえます。よく、介護施設の見学のときに「認知症になっても面倒を見てもらえますか」と聞く人が多いのですが、それは当然大丈夫なので聞く必要はありません。

さて、老人ホームは介護施設ではあるものの、同時に暮らしの場でもあります。自分の嗜好のうち、何を諦めたくないかも大事にすべきです。例えば、食事の場でビール1缶でもいいから晩酌したい人が、それを許可しない施設に入ってしまうとストレスですよね。おそらく部屋では飲めても、食事の場では多くの施設が許可しないのではと思いますので、事前に聞いておくことです。同様にお風呂の時間帯（高い施設でも午前中しか入れない所も）、介護保険の規定の週2回を超えた3回目の入浴が可能かどうか、食事の質なども決して馬鹿にはできません。

余談ですが、知人はご飯がおいしいかどうかを重視して世間的にそういうイメージのある大手系列のホームに入ったのですが、実はそこは食事はさほどのことはなく、むしろ入居者を積極的に運動させる方針の施設だったのです（それにより要介護度が下がる人もいるほど）。おいしいものを食べて静かに読書していたかった知人は耐えきれず、クーリングオフの効く90日以内にその施設を出ましたが、イメージで選ぶのはそれほど危険だということですね。

在宅介護でコストを下げたい場合は、「定期巡回サービス」を利用するのも一案です。1回10分程度の支援のためにも柔軟に来てくれますし、何回使っても定額料金なので限度額を気にする必要もありません。ただし自転車で回れる1～2キロメートルのエリアが対象だったりするので、過疎地では利用できません。また「ＳＯＭＰＯケア」では「暮らしのコンシェルジュ（在宅老人ホーム）」というサービスを東京23区の一部で提供しています。これは自宅に住み続けながら、老人ホームと同様のサービスを24時間３６５日受けられる（自宅に来てくれる）という仕組みで、利用も増えているようです。ですからこうしたサービスが受けられる地域に住み替えるというのも、在宅介護の一つの新しい形です。

このように、時代によって施設もサービスも変わります。施設なら入居して10年も経つと国の制度が変わる可能性もありますので、最初から１カ所でパーフェクトを目指さない方がいいでしょう。

見学のときも、緻密なチェックリストを作って細部を全部比較して……といった必要はありません。年に2回くらい、例えば65歳になってリタイアして時間ができたら、気になった施設を業態にとらわれず幾つも見て歩くと、自然と違いが分かってきます。親には１人で行かせるのではなく、自分がある程度見た上で「こういう施設があるよ、お父さん」と連れていく方がトラブルが少ないですね。お互いがよく分からない状態で行くと質問することが曖昧になりますので。親を連れていくなら年齢はもっと早く、例えば自分が50歳くらいからでもいいでしょう。みんな介護は自分のことだとは思っていても、同時に「今じゃない」とも思っています。でも前述の通り「介護は情報戦」ですので、見学だけでも今、早めに動き出した方がいいのは言うまでもありません。

いろいろ見た上で、やっぱり自宅がいいならそれもＯＫです。施設入居が後ろ向きの選択になってしまっているのが問題なのです。実際、多くの施設を見ると楽しそうに暮らしているのは「自分で選んだ人」ですから。

毎月同じ料金を払っていても、自分で施設を選んで入った人と家族に無理やり入れられた人とでは満足度が違い、後者はどんなに良いサービスを受けても施設に文句を言います。一方、前者はサービスを受けるたびにホームの職員に「ありがとう」と言うので、やっぱり好かれるんですね。同じ金額を払うなら、好かれる入居者にならなければ損です。そのためには在宅と施設はどちらが良い悪いでなく、ニュートラルな視点で考えることが重要ですね。

Column

ホームの中身を見てみよう

［ **介護付き有料老人ホーム** 蓮田オークプラザ 駅前温泉館 ］

ホームに入居する際は実際にどのくらいのお金がかかるのでしょうか。施設見学も兼ねて、埼玉県蓮田市にある蓮田オークプラザ 駅前温泉館を見せていただき、事業主体の株式会社ＩＴＣの岩田優美社長と入居相談室の伊東博司室長にお話を伺いました。

「当施設の魅力はまず露天風呂もある天然温泉。地下１５００ｍから湧きだす弱アルカリ性の温泉です。ＪＲ蓮田駅から徒歩2分という好立地に加え、病院も隣接しています。お部屋も広く、広い方のＡタイプは64㎡ですからホテルで言えばスイート並みです。食事は制限のある方には管理栄養士が個別対応でメニューを管理しますが、作るのは民間レストランのシェフですので、味は大変おいしいと好評をいただいています」（伊東さん）。

案内していただくと、館内は駅から近い割には静かで清潔で、部屋も収納スペ

大宮に本店がある人気レストランのAJI ICHIBAが館内に入っており、食事はここでいただく

こちらは8階のAタイプの部屋。ソファやテーブル、TVなど家具を置いてもまだ広々としている

ースが多く広々としており、窓からの眺望もかなりのものでした。夏には近隣の花火も見えるので、屋上をビアガーデンのようにして花火を楽しむ催しもあるそうです。他にも年間を通じて多くの行事を行っていますが、廊下にはそれらの予定や献立が分かるタッチ式の液晶モニターも備えられています。この他、館内には理学療法士の常駐するリハビリルームや入居者や家族が利用できるカラオケルームなどもあります。

入居しているのは自立から要介護2程度までの方が中心で、元気な方が約半数。立地を生かしてここから毎日通勤している80代の税理士さんもいるそうです。温泉やリハビリに加え、日曜日を除く毎日、体操を行っているので、「入居されると元気になる方が多く、先日は要介護4から要支援1まで回復された方がいらっしゃいました」（伊東さん）。社長の岩田さんも「実は当施設のオーナーは医師でもある私の父で、77歳ですが当施設に入居しています。腰が悪くて歩くのがままならなかった父も、温泉の効果か今ではすっかり改善しています」と言います。

オーナーが「自分が住みたい施設を作る」というのがコンセプトだっ

Aタイプの部屋にはベッドが2つ。枕元には緊急時に職員を呼び出すボタンが設置されている

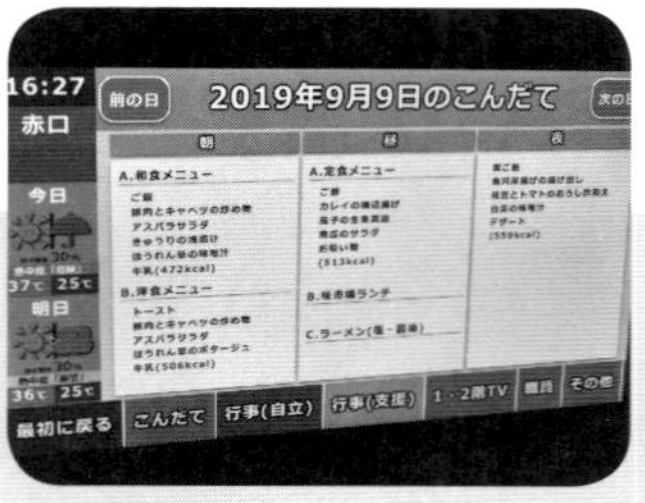

エレベーター前などには献立など様々な情報を表示するモニターが。職員の顔写真なども載っているので安心だ

たそうですが、そんなオーナーの希望を基に作られたものがもう一つあります。それが太陽生命と共同開発して、単独の施設としては日本で2番目に販売開始した「月額利用料終身サポートプラン」です（入居者専用）。これは271ページでも解説しているトンチン年金で、「300万～5000万円まで一時払いで加入でき、据置期間は1～11年。例えば80歳の男性が3000万円を一時払いし、据置期間を3年にしたら、83歳以降は毎月約3万9400円を生涯にわたって受け取れます」（伊東さん）。この場合は88歳11カ月より長く生きれば、後は長生きするほど得になります。「自分の生涯の費用を計算して入居してきたのに、当初考えたより長く生きられそうだからお金が足りなくなるかも……と不安な方に、第2の年金としてご活用いただける商品です」（岩田さん）。こんな保険があるのも他にはない魅力と言えそうです。

駅前温泉館の入居費用は245ページの表の通りで、家賃制と一時金制の2通りから選べます。「80歳を超えた方の入居が多いので、年齢的に

入居者や家族が低料金で利用できるカラオケルーム（予約制）。まるでカラオケスナックのようなゴージャスさに驚いた

専門の理学療法士が常駐するリハビリルームは非常に明るい。自立の人が自分でマシントレーニングすることも可能

有利になりそうな家賃制の方をお勧めしており、実際も家賃制の方が多いですね」（伊東さん）。ただし、小さい方のＢタイプの部屋でも家賃＋月額利用料の合計は約40万円と、決して安くはありません。「介護付き有料老人ホームで月30万円を切る所も確かにあります。ただ、そうした所は部屋が15㎡程度と狭く駅からも遠いなど、条件がだいぶ違います。設備やサービスと併せて見ていただければ、当施設の料金は単に高いだけではないと考えています」（伊東さん）。「手前味噌ですが当施設は離職率が非常に低く、『顔なじみの職員さんがずっとお世話をしてくれる』という点も入居者の方に喜ばれています」（岩田さん）。料金は安い方がいいとはいえ、こうしたサービスの質とも併せて検討する必要があると感じました。

見学会や体験入居などの際に、最も多い相談はやはりお金のことだそうです。

「シビアで、ご家族の方でもなかなか触れられないところですね。現在の入居者は比較的手厚い年金を受け取っている方が多いと思いますが、他に不動産収入をお持ちの方も多く、ご自宅を賃貸に出してそのお金をこちらの入居費に充てている方もいらっしゃいます」（岩田さん）。

また、同じ蓮田駅で少し住宅街に入った所にはもう一つの施設「介護館」があり、こちらは要介護3以上など、要介護度が進んだ人向けです。駅前温泉館Bタイプの家賃が17万円なのに対してこちらは5万円と安く、月額利用料の合計も13万円ほど安くなっています。どちらの施設も看取りまで対応していますので、同じ事業主体の施設の中で住み替える手もありそうです。「施設入居を真剣に考えるときには追いつめられていて、時間がないものだと思います。見学だけでは見えない部分もあるので、体験入居もぜひお元気なうちにいらしてください、と申し上げたいですね」(岩田さん)。

蓮田オークプラザ　介護館		
前払い金	0円	
利用料金＝(A 家賃相当 ＋ B 生活費相当)		

A 家賃相当(非課税)	
家賃相当額	5万円

B 生活費相当(課税)		
月額 利用料 内訳 (課税)	基本管理費 手厚い介護費	12.5万円
	水道光熱費	1万円
	給食管理費	1.5万円
	喫食費 (3食30日の場合)	5.4万円
	小計	20.4万円

月額利用料 A+B（合計）	25.4万円
その他 費用	医療・介護保険の自己負担、教養・娯楽費・嗜好品費、消耗品費、小遣い等個人的出費、オプションサービス利用料、リース料等
備考	敷金・礼金は0円、職員体制は2対1で看取りまで対応可能、介護福祉士比率70%、常勤比率80%、ベテラン職員配置率55%、介護福祉士による医療行為の喀痰吸引可

蓮田オークプラザ　駅前温泉館				
タイプ		Aタイプ		Bタイプ
階層、居室面積		7～10階、64㎡		3～6階、32㎡
一室入居者数		1名	2名	1名

家賃制（一時金なし）				
家賃相当額（非課税）		28万円	33万円	17万円
月額利用料内訳（課税）	基本管理費 手厚い介護費	13.5万円	18万円	11.5万円
	水道光熱費 温泉管理費	4万円	5.5万円	3万円
	給食管理費（厨房維持費）	1.5万円	3万円	1.5万円
	喫食費（30日概算）	5.4万円	10.8万円	5.4万円
	小計	24.4万円	37.3万円	21.4万円
家賃＋月額利用料合計		**52.4万円**	**70.3万円**	**38.4万円**

特約一時金制（年齢別廃止・統一料金）				
家賃相当額（非課税）	入居時必要金額（初期償却30% 償却期間5年）	3000万円	3500万円	1800万円
家賃相当額（非課税）		13.4万円	18.4万円	5万円
月額利用料（課税）		24.4万円	37.3万円	21.4万円
家賃＋月額利用料合計		**37.8万円**	**55.7万円**	**26.4万円**

その他費用など	
介護サービス・入居時の要件	介護サービスは2.5対1以上、入居時の要件は自立～要介護2くらい、年齢不問
その他費用	医療・介護保険の自己負担、教養・娯楽費・嗜好品費、消耗品費、小遣い等個人的出費、オプションサービス利用料、リース料等
追加別途費用	自立の人は生活支援・介護予防サービス利用料が月2万円（1人）かかる。要介護3以上の人は2対1介護にするための費用が月4万円かかる

知っておきたい老後のお金の制度と商品

最大の問題、親が認知症になったらどうするか

前のチャプターで、親の老後はできる限り親自身の預貯金や不動産で何とかすることと書きました。しかし、そこに浮上してくるのが「認知症」という問題です。

内閣府の「平成28年版高齢社会白書」では、2012年の認知症患者数は462万人（65歳以上の高齢者の7人に1人）だったのが、25年には700万人（同5人に1人）になるとしています。厚生労働省の「認知症施策の現状について」を見ると、12年にはこの他に軽度認知障害（MCI）という〝認知症予備群〟も400万人いるということですから、もはや「自分だけはならない」とは誰にも言えません。そして、それ以上に深刻なのが「高齢の親が認知症で判断能力をなくした場合」なのです。

重い認知症になったら一切の金融取引や契約などの法律行為はできません。親が亡くなると銀行口座が凍結されて葬儀代にも困るというのは広く知られていますが、認知症を患って判断

65歳以上の認知症患者数と有病率の将来推計

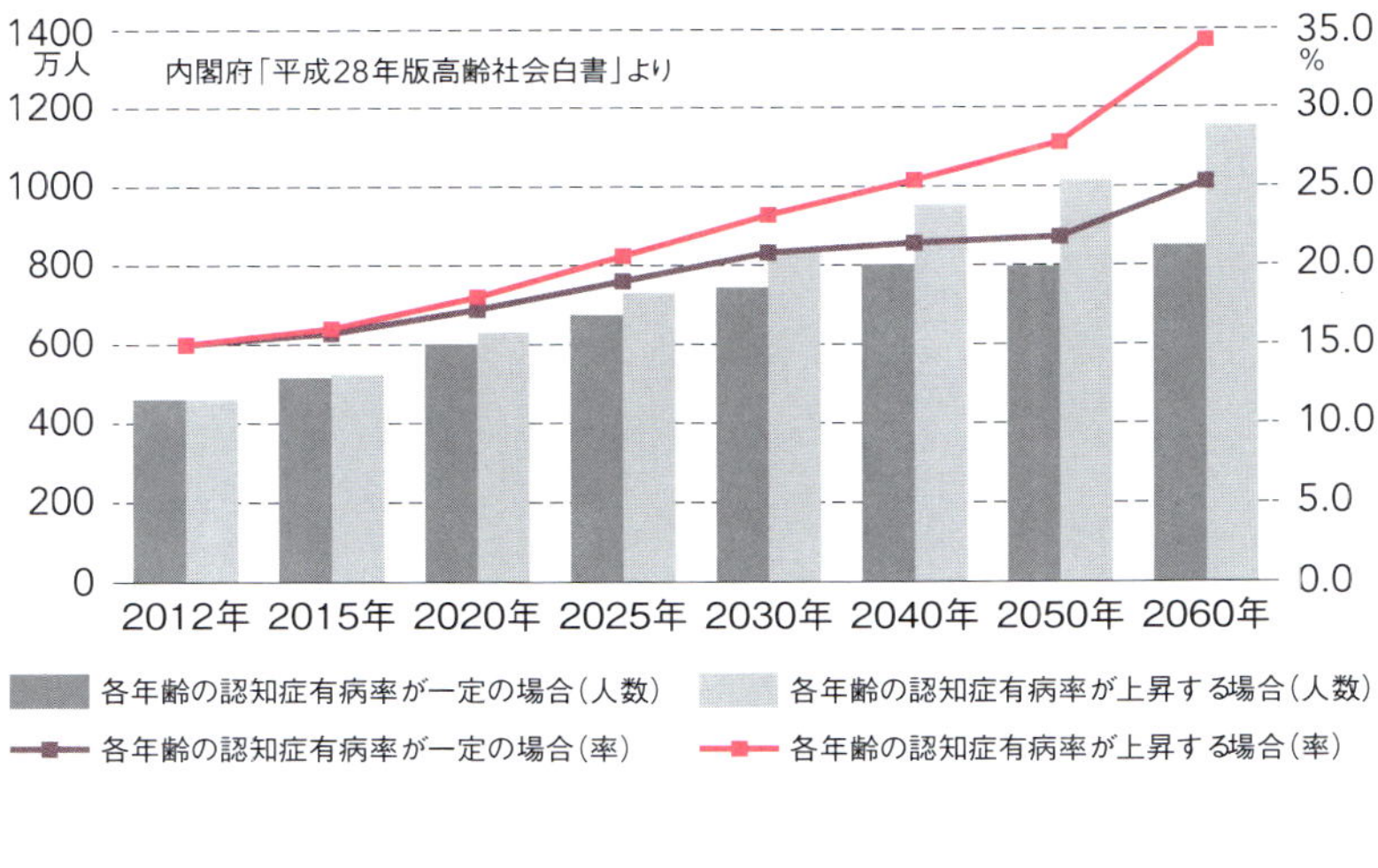

能力をなくしたときや、倒れて意識が戻らないときにも口座は凍結されてしまいます。銀行にとっては顧客の資産保全が使命ですから、口座の名義人が自分でものを判断できない状態になったときには、子どもに懇願されてもおいそれとお金を引き出させるわけにはいかないのです。

また親名義の実家を売るか、担保にしてお金を借りる計画だったとしても、それも不可能になります。実家が父と母の共有名義だった場合、例えば所有権のわずか1割しか持たない母が認知症になっただけでも、実家は売却も建て替えもできなくなります（所有者の1人が契約ができない状態だから）。

同様に親が持っている株式も売却できなくなり、賃貸物件があっても入居者との新規契約や契約更新が不可能になるので、新規の家賃収入が得られなくなります。のみならず肝心な介護保険のサービスの契約や施設入所の契約も、本人名義ではできなくなってしまうのです。

老後が大変だから親のお金で施設に入れようと思っていたのに、重い認知症になったが最後、その計画は崩れてしまい、その後親が生きている間じゅう、子ども自身の老後資金が取り崩されていく……という極めて深刻な事態が生じるわけです。従って今後はどんな家でも、親が元気で判断能力があるうちに、この問題に対する備えをしておく必要があると言えます。

多くの場合、「ウチの親はまだ元気だから」と問題が先送りされてしまうものですが、高齢者の病気はちょっとしたきっかけで急速に進むと言われています。それまで元気に散歩をしていた親が、自宅内のちょっとした段差につまずいて転んで脚の骨を骨折し、それをきっかけに寝込み、やがて認知症に……といった話はしばしば聞きます。そして、そうなってしまったときには「親の老後に親のお金を使う」ことに関してはもうほとんど手遅れなのです。

法定後見人は専門家が主で、融通は利かない

特に対策をしないまま親が認知症になってしまった場合には、2000年に施行された成年後見制度に則って、親に成年後見人を付けることになります。そうすれば金融機関に凍結されてしまった親の口座からお金を引き出して、再び親のために使うことができます。認知症にな

■ 親の認知症にどう備えるか

親が物事を判断できるうちに備えるには

任意後見人

公正証書を作り、子どもや親族をあらかじめ「任意後見人」に指定しておく。任意後見監督人も付き、その報酬を一生払う必要がある

家族信託

親の財産の名義だけを、子どもなど財産を託せる人に変更する特別な契約を結ぶ。子どもは名義人として資産の管理や運用ができる

信託銀行の商品

親が元気なうちに口座にお金を預けて「代理人」を指定。代理人が一定の手続きを取ると、親のために立て替え払いした額を振り込んでもらえる(など)

備えのない状態で親が認知症になり判断能力をなくしたら

法定後見人

成年後見制度に則って、家庭裁判所が「法定後見人」を主に専門家から選出。“財布の紐”は固く、親が生きている限り報酬を払う必要がある

る前なら親自身が子どもなどを「任意後見人」に指定しておくこともできるのですが、発症してしまった後では不可能なので、家庭裁判所が「法定後見人」を選びます。法定後見には3種類あり、判断能力の程度に応じて後見人(判断能力が欠けていることが通常の状態)、保佐人(判断能力が著しく不十分な場合)、補助人(判断能力が不十分な場合)が選任されます。

制度発足当初は配偶者や子どもなど親族が法定後見人になる割合が7~8割と高かったのですが、親族による使い込みがあまりに多いことから、近年では弁護士や司法書士などの専門家が専任される割合が圧倒的に高くなっています。今やその割合は逆転し、親族が選ばれるのは2~3割程度だと言われています。

それでも法定後見人が融通が利き、子どもが請求したお金を随時出してくれる存在なら問題はないのですが、実態は全く違います。後見人の役割は本人の財産を守ることですので、子どもにとっては当然と思える

支出でも、後見人として納得できないものには一切お金を出してくれません。例えば親と一緒に生活している家族の生活費などは原則出してもらえません。

親自身のことでも同じです。「親が『要介護になったら高級な老人ホームに入りたい』と言ってお金を貯めていたとしても、本人の意思が確認できない以上、後見人には無駄遣いに見える。なのでその場合は本人が望んでいたような施設ではなく、おそらくはそれよりランクの下がる中程度の施設を選ばれてしまうだろう」（司法書士法人ソレイユ代表・杉谷範子さん）。それまで親自身が自宅を売って施設に入る意思を口にしていたとしても、「自宅がなくなったら老人ホームが嫌になったときにも戻る所がなくて、困るだろう」と、実家を売るのも簡単には許可してもらえないといいます。

赤の他人に親の財産を握られるだけでも心理的な負担なのに、その財布の紐がやたらと固いとあれば人を代えたくもなるでしょう。しかし一度決まった法定後見人は家族とトラブルになっても解任できず、親が判断能力を回復するか、亡くなるまでは外すこともできません。しかも法定後見人を付けたら毎月、3万～6万円（一般的な目安）といった額の報酬も発生します。財産が多い場合には年間数十万～100万円超といった額が確実に親の財産から減っていくわけで、これはかなり悩ましい問題でしょう。「ある人に後見人が付いたが、資産は約100万円の預金だけ。最低でも月2万円は報酬として出ていくことを考えると、数年したら報酬だけで親の預金がなくなってしまうおそれもある」（杉谷さん）。

親が元気なうちなら任意後見人も

「法定後見ってなんだか大変そうだ。幸い親はまだしっかりしているので、今のうちに何かできる対策はないのか」と思った方には、方法が2つあります。1つは前述の「任意後見」で、親自身が「自分に判断能力がなくなったら、この人に後を頼みたい」と、子どもや孫、親しい友人など「信頼できる人」を任意後見人として選んでおくことです。この場合は、赤の他人に財産をまるっきり管理されてしまう不安感からは解放されるでしょう。

流れとしては、まず公証役場に出向いて公正証書を作り、任意後見契約を結びます（手数料が全部で2万円弱かかる）。次に親が認知症を発症し、判断能力がなくなってしまったら、任意後見人に指名されている人が家庭裁判所に「こういう状況になったので、任意後見を始める必要がある。ついては任意後見監督人を選んでほしい」と申し立てます。監督人（弁護士や司法書士など）が決まったら任意後見の開始となります。

ただしこの場合も、任意後見人が親の財産を親以外のことに自由に使えるわけではなく、使い込みなどを防ぐために前述の監督人という存在が付きます。従って親自身が孫を可愛がっていて、元気なときに「学費はおじいちゃんが出してあげるからね」と口約束していたとしても、孫の教育費などに使うこともできません。また監督人にはやはり親の財産から報酬（法定後見人の半額程度の水準のようです）を原則、一生払い続ける必要がありますので、家族にとってそれなりの負担がかかることには変わりありません。

家族信託は自由度が高い

もう1つの方法が「家族信託」を使うことです。これは信託銀行の商品ではなく、2006年の信託法の改正で使いやすくなった契約で、弁護士や司法書士、行政書士などに依頼して進めることになります。まだ一般に広く知られているとは言えず、出てくる用語も委託者・受託者・受益者と少し複雑ですが、考え方はそう難しくありません。

まず委託者（ここでは親）が元気なうちに、株や不動産など財産の「名義だけ」を受託者（信頼できる人や法人。ここでは子ども）に変更し、受益者（信託財産の財産権を持つ人）は親とする、という特別な契約を結びます。つまり「財産権」は親自身が持っているので、株の売却代金や家賃収入などは親がそのまま受け取れるのですが、先に名義を変えてしまうので、その後親が認知症になっても死亡してもその影響を受けることなく、子どもは名義人として資産の管理・運用・処分をすることができます。「実家を売って親が老人ホームに入る資金にしよう」ということも、家族信託の契約を結んでおけば無理なく実現できるのです。このとき、裁判所が選んだ監督人が付くようなことはありませんのでその費用もかかりません。

財産を残す側が望んだ通りに次の世代に渡せるという意味では、家族信託は「生前に効力を発揮する遺言のようなもの」とも言われています。のみならず、遺言では子どもなど次の世代の相続人しか指定できませんが、家族信託は「次の次の世代」など、はるかに長い期間のことを決めて財産を渡すこともできます。しかも家族信託では、財産権の移転がないので受託者に贈与税がかかりません。家族や親しい人だけで完結できるという気楽さに加え、これがもう一つの大きなメリットといえます。

ただし、家族信託には少子化のご時世、「託せる人が見つからない」という難点もあります。信託というのは「信じて託す」ことであり、家族信託の多くは親が子どもに財産を託すことになりますが、子どもがいない場合やあまり信頼できない場合などは、託す人を見つけるのに苦労することもあります。

料金は手続きを依頼する先によって異なりますが、前出の司法書士法人ソレイユでは実家のみを信託する場合、報酬40万円・50万円・70万円（他に実費が必要）の3つのコースが用意されています（実家信託パック）。一番安いコースは例えば最初の受益者が父親で、その財産を2番目の受益者である子どもに渡したいといった一番シンプルなケースで、この料金の中には契約内容の相談、公証役場での手続き支援、公正証書作成支援、不動産登記などのサービスが含まれています。なお、家族信託に関する注意点などは、次ページからの司法書士・杉谷範子さんのインタビューも併せてお読みください。

私のような思いをしないための家族信託

［司法書士　杉谷範子］

厚生労働省によれば、2025年には65歳以上の高齢者の5人に1人が認知症になる恐れがあるそうです。「うちはアルツハイマーの家系じゃないから」という方もいますが、認知症になるきっかけは骨折、体調を崩して、大切な方が亡くなって……など様々です。骨折は特に多く、85歳以上の高齢者の5人に1人は、自宅内で転んで事故を起こしています。人はいつ死ぬかも認知症になるかどうかも自分では選べません。だから今後はどんな人でもそのときへの備えは早めにしておくべきだと思います。

ですが、相談者の方は皆「それを親に切り出すのが難しい」とおっしゃいます。「俺はまだボケてなどいない！」と怒り出す人もいるようです。厚生労働省の国民

生活基礎調査（平成28年）で「介護が必要になった主な原因」を見ると、男性の1位は脳血管疾患（脳卒中）、2位は認知症です。女性の1位は認知症で2位が高齢による衰弱。つまり女性は徐々に老化していくから対策もできるんですが、男性はある日突然脳の血管が切れてしまうので、対策が困難。しかも大抵の場合はお父さんが財産を持っていて、プライドも高いので切り出しにくいのです。

私の家も、特に備えをしていなかったので大変なことになりました。父は2日前まで元気に働いていたのに、「ひどいかぜを引いた」といって入院準備を始め、家を出る直前に倒れ、緊急で病院に運ばれてわずか2時間で亡くなりました。母は私の所に遊びに来ているとき、夜に突然倒れてそのまま判断能力を失い、もう12年になります。父と母ではまるで違う展開になったわけです。

父の相続では遺言もなく、もともと兄弟仲があまり良くなかったこともあり何年も揉めることになりました。母には法定後見人が付きましたが、自分の母に付いてみて初めて、それがどんなに不自由なものかが実感できました。

皆さんが相談に行くと、市役所の方などはリアルなことは知らない上、政府が後見推進と言っているので割と気軽に「後見を付けましょう」と言ってきます。でも実際には不自由なことがたくさんあり、しかもこれは片道切符で、一度申し立てをしてしまったら取り下げもできないのです。私は自分が親のことで大変だったので、皆さんにはこんな思いをしてほしくないと、家族信託の普及を推進し、相続の準備はお早めにと言っているわけなのです。

親が認知症になると大変だというのを知らないと、こんな悲惨なことも起こります。親が施設に入ってお金が必要なAさんは、実家を売りやすいようにと先に建物を全部撤去して更地にしました。でも、不動産業者に相談したら「親が認知症では売れませんよ」と言われてしまいます。のみならず、更地にすると住宅用地の特例措置で6分の1になっている固定資産税が、軽減税率を適用されなくなり6倍になります。お金もできず、高い固定資産税まで払わねばならなくなったAさんは、内心、親の死を待つような状態になってしまったのです。

他にも知っておくべきことはあります。例えば法定後見人が付いた後でも、親の実家を売るためには「居住用不動産処分の許可」という裁判所の許可が必要なことです。そして裁判所にその許可を求めても、親に預貯金がある場合は「そち

■ 不動産を贈与、売買、信託するときにかかる税金

	登録免許税 不動産の登記などに課税される	**不動産取得税** 不動産を取得した時に課税される	**譲渡所得税** 不動産などの譲渡益に対して課税される	**贈与税** 人から財産をもらった時に課税される
贈与の場合	2%	4%	なし	かかる場合あり
売買の場合	2%	4%	かかる場合あり	なし
家族信託の場合	0.4%	なし	なし	なし

税率は原則的な税率。杉谷先生作成

らを先に使いなさい」と拒否されて、結局売れないこともあるようです。

こういった問題の備えになるのが家族信託です。親（委託者）が元気なうちに子どもを受託者として信託契約を結び、財産の名義だけを子どもに移します。財産からの利益を受け取る受益者は相変わらず親なので、親に不利益は生じません。でも名義は子どもに移転してあるので、親が認知症になっても子どもはお金を親のために使うことができるのです。

また、税制面でも有利なことがあります。親の財産を「箱に入ったケーキ」に例えれば、賃貸住宅のような値打ちのある部分がケーキで、その名義が箱に当たります。ある人が財産の所有権そのものを子どもに譲る場合（箱ごと

ケーキを渡すイメージ）は、贈与になるので税金がかかります。１億円の不動産なら贈与税や不動産取得税、登録免許税などは原則的な税率で計約５６００万円にもなります。

一方、家族信託では、ケーキを箱から出して親の手元に置いておき、空の箱だけを子どもに渡すといったことができます。親は家賃収入などを引き続き受け取れますが、財産の所有権を子どもに渡したわけではないので、子どもに贈与税はかかりません。この場合には税金は登録免許税の約40万円だけとなり、その差は極めて大きいのです。

もちろん、家族信託も万能ではありません。２００６年の信託法の改正で可能になった制度なので専門家でもまだ知らない人もいますし、弁護士など専門家の間でも法の解釈をめぐって意見が割れることがあります。もともと信頼できる人がいないと契約を結べませんし、老人ホームへの入居や生命保険金の請求では後見人を求められることもあります。

しかし、家族信託の契約をされたご家族は皆「安心した」と心底ほっとされていますし、実際にその後3カ月くらいして親御さんが判断能力を失ってしまったりもしていますので、「あのときにやっておいて良かった」と言われることは多いですね。

最後に重要なのが、相談先をどう選ぶかです。弁護士や司法書士、行政書士は全員家族信託に詳しいわけではなく、むしろ詳しい人はまだ少数でしょう。不動産の登記が入るので怖がってやりたがらない先生もいます。ですので、実際にどのくらいの案件を手がけているかが肝心です。ウェブサイトに「家族信託も取り扱っています」とあってもそれだけで信用するのではなく、「今までに何件くらい家族信託を扱いましたか」と聞くのが大事です。さらに、少しでも疑問があればどんどん質問しましょう。分からないことや詳しく知りたいことを聞いて、ちゃんと答えられないような専門家の所に行く必要はありません。あなたの大切な親のお金のことなのですから。

信託銀行にも使える商品がある

信託銀行になじみがない人も多いと思いますが、相続や贈与、遺言、終活などの場面になったら信託銀行の出番です。特に、親が認知症になったときの口座凍結に対応できる商品は複数の信託銀行から登場しており、利用も増えています。

例えば三菱ＵＦＪ信託銀行が２０１９年3月に始めた「代理出金機能付信託　つかえて安心」がその一つです。もともと信託銀行には「後見制度支援信託」という商品があり、法定後見人が付いた場合のお金の出し入れをサポートしていたのですが、手続きが面倒であまり利用されていませんでした。しかし「つかえて安心」では領収書をスマートフォン（スマホ）のカメラで撮影して送るといった操作を取り入れることで、手続きを簡単に進められるようにしています。

まず高齢の契約者（親）が元気なうちに、例えば長男などをお金を管理する「代理人」に指定しておきます。親が認知症になった後は、代理人が親のためにお金を立て替えて払ったら、その領収書をスマホで撮影します。その写真を「つかえて安心」の専用アプリから同行に送って払い出し請求をすると、あらかじめ決めておいた口座にお金が振り込まれます。書類を書いたり領

収書を店頭に持参したりしなくても済むので楽です。

実際は写真を送ると即座にお金が振り込まれるのではなく、5日間の「みまもり期間」があります。長男が領収書の写真を送ると他の兄弟や親族のスマホにもその写真が届き、払い出し請求があったことが全員に分かります。問題があれば期間内に本人か代理人が請求を取り消すこともできますし、全員が親の口座の入出金履歴をいつでも確認できますので、「知らないうちに兄が親のお金を使い込んでいるのでは」といった不安を減らせるわけです。

200万円以上の預け入れで利用でき、信託報酬（いわゆる手数料）は、当初の設定時と追加入金時が「元本2000万円以上5000万円以下の部分の1・5%、5000万円超の部分の1%（税別）」です。他に、月480円（税別）の月額管理手数料がかかります。

また、三井住友信託銀行は「人生100年応援信託〈100年パスポート〉」という商品を19年6月に出しています。こちらは1000万円以上で申し込め、基本になるのは元本補填契約のある金銭信託です。

大きく4つの機能があり、元気な間は生活費として一定額を取り崩して別の口座で受け取る①「ねんきん受取機能」が使えます。②「まかせる支払機能」では元気なときに「手続代理人」を指定しておき、認知症や健康が不安な状態になったら、医療費・介護費・住居費などの支払いを代理人に任せることができます（20万円までの定期的な支払いも可能）。認知症の発症後も口座凍結を避けてお金を使うことができます。さらに③「防犯あんしん機能」があり、あらかじめ決めた「同意者」（3親等内の親族から1人を選ぶ）の同意がなければお金の振り込みができないので、振り込め詐欺などの特殊詐欺にやられる恐れが減ります。子どもが常に監視していなくても親の資産を守れるのは長所でしょう。最後の④「おもいやり承継機能」は、親が亡くなって相続発生となったときに100万円以上500万円以内の指定額をスムーズに支払う機能です。よく聞く「すぐに要るのに、葬儀費用が引き出せない」という問題を回避できます。

信託報酬（手数料）は、最初の設定時に元本の額に対して1％（1000万円なら10万円）の設定報酬がかかり、他に年間6万円（税別）の管理報酬などがかかります。

リバースモーゲージは使えるか

最近はテレビなどで「リバースモーゲージ」のCMを多く目にするようになりました。実は1980年代からある商品ですが、バブル期以降ほとんど聞かなくなり、最近また高齢者の資金需要の高まりに応じてか、あちこちで見かけるようになったものです。

これは高齢者の自宅や土地を担保に金融機関や自治体からお金を借り、それを毎月の生活費や住宅ローンの繰り上げ返済、バリアフリー化のリフォーム費用などに充て、契約者が亡くなったときに担保の不動産を処分して一括返済する、という仕組みです。住宅ローンでは元金と

■リバースモーゲージの仕組み

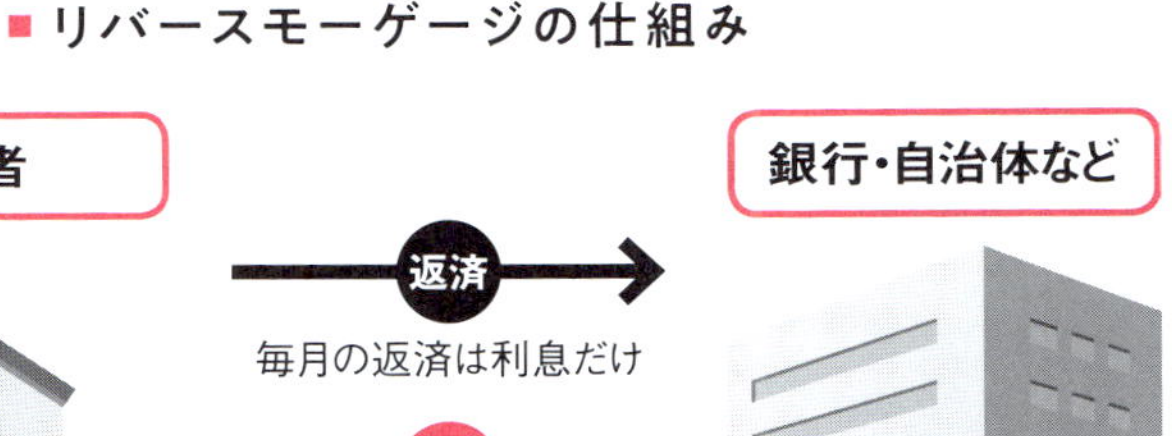

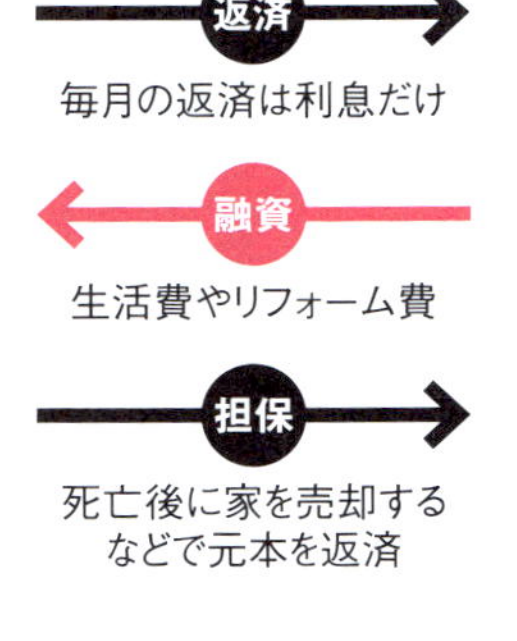

利息を毎月返済しますが、リバースモーゲージでは毎月返すのは利息だけで、元金は最後まで据え置かれるのが大きな違いです(利息を元金と一緒に最後に一括返済するタイプもある)。「資金の使途は自由」という金融機関であれば老人ホームの入居費用に充てることもできますので、条件に合う人なら資金づくりの味方になるでしょう。

いくつかの自治体や住宅金融支援機構でも取り扱っていますが、一般的なのは民間金融機関のもので、三井住友銀行、みずほ銀行、りそな銀行、三井住友信託銀行、東京スター銀行などの他、地銀でも複数が取り組んでいます。

次ページの表で、みずほ銀行の「みずほプライムエイジ」、東京スター銀行の「充実人生」、住宅金融支援機構の「リ・バース60」という代表的な3商品の特徴についてまとめました。

■ 商品性にはかなり差がある

(2019年10月現在)

	みずほプライムエイジ	充実人生	リ・バース60
金融機関	みずほ銀行	東京スター銀行	住宅金融支援機構
契約できる人	契約時に55歳以上。夫婦2人暮らしか1人暮らしで金融資産が相応にあり、安定かつ継続した収入(年金も可)が見込める人。戸籍謄本により推定相続人が確定できる人など	契約者本人は55歳以上で配偶者がいる場合は配偶者が50歳以上の人。年収が120万円以上で、一戸建ての自宅かマンションに単身または夫婦で住んでいる人。契約時に判断能力のある人など	借入申込日に満60歳以上の人。年収に占める全ての借り入れの返済額合計の割合が一定の基準以下の人
資金の使途	使途自由な「フリー口」と老人ホームの入居保証金などあらかじめ用途が確認できる「目的口」がある	住宅ローンの返済などの「目的タイプ」とATMで日々の生活資金を借りる「カードタイプ」がある	住宅の建設・購入、住宅のリフォーム、サ高住の入居一時金、住宅ローンの借り換えなどに限定
融資限度額	貸越極度額はフリー口、目的口合算で1000万円以上2億円以内。さらに利用可能額がある	両タイプ合算で500万円以上1億円以内。年に1度見直す	用途により異なる
対象地域	東京都・神奈川県・千葉県・埼玉県のみ	首都圏だけでなく関西圏、主要都市もカバー	全国
利息の支払い	元本返済時に一括(毎月の返済はなし)	毎月、使った分だけ利息を支払う	毎月利息を返済する
金利(年率)	フリー口は3.475%、目的口は2.975%(変動金利)	目的タイプ・カードタイプ共に2.950%(変動金利)	金融機関により異なる
その他	年齢の上限はない	目的タイプは預金でローン金利が下がる	ノンリコース型がある

一見して分かるように同じリバースモーゲージでも細部はいろいろ違っており、特に差が大きいのが対象地域と利息の支払いです。対象地域でいえばリ・バース60は全国で利用できるのに対してみずほプライムエイジは首都圏の1都3県だけですので、かなり限定的だといえます（後述する地価下落リスクを、対象を首都圏に限定することで軽減しているということ）。

利息の支払いもみずほプライムエイジが「最後に一括返済になるので毎月返す必要がない」、充実人生が「毎月使っただけ返済する」、リ・バース60が「毎月返済あり」と三者三様です。

さらに、充実人生には「預金連動型」という他にない特徴があります。目的タイプの場合、預金をするとそれに連動してローンの実質金利が下がっていく仕組みで、融資額と同じだけ預金をすれば実質金利をゼロにすることもできます。

なおリ・バース60はそもそも他の2商品と違っていて、資金の使途が「住宅の建設・購入、住宅のリフォーム、サービス付き高齢者向け住宅（サ高住）の入居一時金、住宅ローンの借り換え」など住宅関連に限定されており、日々の生活費や旅行資金などには使えません。ただ、自宅を活用してサ高住の入居費用が手当てできるのは本書読者の目的にはうってつけですし、米国のような「ノンリコース型」もある（2017年に追加）というのは大きな魅力です。

通常のリバースモーゲージは担保物件を売っても債務が残った場合、相続人がそれを引き継いで返済しなければならないのですが（リコース型）、リ・バース60のノンリコース型ではその必要がありません。地価が下がって残債が発生しても、住宅金融支援機構が保険金でカバーする仕組みだからです（その保険料の分だけ金利は高くなる）。親にしてみれば子どもに残債を押し付けなくて済むノンリコース型は魅力があり、実際に利用もかなり増えています。

住宅ローンの「フラット35」と同様、リ・バース60の利用も住宅金融支援機構にではなく、銀行などに申し込むことになります。そのため金融機関ごとに細部の扱いや金利が少し異なるといったことがありますので、ご注意ください。

リバースモーゲージ、ここに注意

大きな金融資産はなく、あるのは自宅だけ……といった高齢者でも、リバースモーゲージが利用できれば最後まで住む場所を確保しつつ、老後資金の手当てができます。無職の高齢者の場合は銀行でお金を借りるのも簡単ではありませんので、在宅を選ぶ場合はこの点は魅力です。しかし他の金融商品と同様、もちろん注意点やリスクがあります。

注意点としてはまず、利用できる人の条件が結構厳しく、年齢・同居人数（子どもがいると利用できない所が多い）・収入などの全てを満たさなければならないことです。地域や物件の条件も同様です。みずほ銀行に限らずメガバンクのリバースモーゲージでは対象地域が首都圏などに限定されており、物件も「築年数の浅い一戸建てか好立地の大きなマンションなど、明らかに担保価値が高いものが中心。ごく普通の一戸建てなどは対象外」と業界では言われています。従って地方や普通の一戸建ての場合は東京スター銀行や住宅金融支援機構を利用するのが良さそうですが、この場合も審査はあり、立地だけでなく築年数や家の傷み具合も審査に影響します。逆に、担保価値が高くても年収で審査に落とされることもあるようです。

いくらまで借りられるかも注意が必要で、みずほプライムエイジの場合は「貸越極度額」はフリー口と目的口の合算で1000万円以上2億円以内、かつマイホームの評価額以内となっています。ただ、これとは別に「利用可能額」が設定されていて、実際に借りられる額はそちらが上限になります。リバースモーゲージは一般に担保価値の5～7割程度までしか借りられないと言われていますので、金額では売却の方が得になるケースが多いでしょう。

また、夫婦2人が両方ホームに入って実家が空き家になるのならこの制度は利用せず、思い切って売却してしまう方が話が簡単です。空き家であっても原則的に賃貸には出せませんし、リバースモーゲージでは後々まで契約に縛られることになります。一方、どちらか1人は家で暮らすがもう1人がホームに入るというとき、入居一時金が足りないのを借りて補うのであれば、リバースモーゲージは使えそうです。高齢夫婦2人が在宅介護を選び、しかも子どもがいないので家を残す必要がない場合なども同様でしょう。「たとえ担保価値の半額でも、生きているうちに老後資金としてお金が使えるのは大きい」と思う人はいそうです。つまり、リバースモーゲージは誰にでも役立つ魔法のツールではなく、人や条件によって「合う・合わない」がかなりハッキリしているというのも注意点でしょう。

なお、リスクとしてよく言われるのは、地価下落リスク、金利上昇リスク、長生きリスクの3つです。最初の地価下落リスクとは自宅の評価額が下がるリスクで、お金を目いっぱい借りている中で自宅の評価が下がれば、評価額以上に借りてしまった分を返さなければならなくなります。金利上昇リスクとは、変動金利なので市中金利が上がればローン金利も上がり、利息の返済額が増えるということです（マイナス金利なのでこの懸念は今のところ小さいが）。

むしろ影響が大きいのは長生きリスクでしょう。「残りの人生は10年くらい」と想定してお金を借り、気前よく使い切ってしまった場合、さらに20年生きることになったらもうお金をつくる手だてはありません。それに、お金を長く借りているということはそれ自体がリスクです。その間に地価下落に見舞われる可能性が高くなりますし、利息を毎月返済せず元本に加えて最後に一括返済するタイプでは、期間が長くなるほど借金が雪だるま式に増えていくからです（複利運用の逆）。要はリバースモーゲージも特殊ではあれ、借金なのだということです。

最後に、多くの人が誤解してリバースモーゲージの「食わず嫌い」になっている点も指摘しておきましょう。例えば子どもから見て父と母が実家に住んでいる場合、父が死亡したら即、実家が取られて母は住む所をなくすのではないか、という誤解があります。しかし返済手段は必ずしも担保不動産の売却には限らず、手元資金で返してもいいのです。子どもが父からの相続財産や死亡保険金で返すこともできます。充実人生の場合は母が利用条件を満たしていれば、住み続けたまま融資を引き継ぐことも可能ですし、そもそも元本の返済は契約者の死後6カ月後となっていますので、「即」追い出されるというのも誤解です。リ・バース60の場合も、融資の終期（融資の契約の終わり）は「住宅ローンを利用する契約者全員（主債務者、連帯債務者）が亡くなったとき」とされていますので、妻を連帯債務者にしておけば、夫婦の両方が亡くなるまでは住み続けられるのです。

「マイホーム借上げ制度」で家賃収入を確保

もう一つ、親が老人ホームに入って実家が空き家になっている場合には、実家を売らずに活用して、老人ホームへの毎月の支払いを少し楽にする方法があります。一般社団法人　移住・住みかえ支援機構（ＪＴＩ）が全国で展開する「マイホーム借上げ制度」を利用し、親の自宅を賃貸物件として貸し出す方法です。

この制度は50歳以上の人のマイホームをＪＴＩが借り上げて、子育て世代などに相場より少し安く転貸し、貸した人は安定した家賃収入を受け取れる仕組みです。「安定した」というのは、

1度でも入居実績があればその後仮に借り手がつかずに空き室が発生したときでも、規定の賃料を受け取れるからです。立地の良い場所なら町の不動産業者に依頼して、普通の貸し家として家賃収入を得る方法もありますが、借り手がつかなければ当然収入は得られません。この点が当制度を利用する第一のメリットです。

また、入居者とは3年の定期借家契約を結びますので、入居者が出ていかないといった不安はなく、定期借家契約の終了時にはマイホームに戻ることも、売ることもできます。

家を他人に貸すとなると大家さんになるわけで、入居者とやり取りする中で何かトラブルが発生するのではと不安になるかもしれません。しかしこの制度ではＪＴＩが借り上げて転貸するので、家の持ち主は入居者と直接やり取りする必要がなく、家賃の未払いなどのトラブルは心配しなくていいようになっています。これらの点もメリットでしょう。

ただし、いくつか悩ましい点もあります。まず、２００６年に機構ができてから13年経ちますが、当制度はまだほとんど知られていないため、利用が少ない点です。また最初に建物診断（劣化診断。１９８１年6月施行の新耐震基準以前の建物では耐震診断も）を受けなければならず、これに税別で4万５０００円かかる、補強・改修工事が必要な場合はその費用負担が発生するなど、初期コストの問題があります。そして入居者が払う家賃が全額受け取れるわけではなく、管理費用が5％、空室時の保証準備積み立てと機構の運営費が10％引かれますので、手取りが85％になってしまうのもネックです。

それでも、実家を空き家のまま長期間放置するよりはよほど有利ですし、売るわけではないので契約が終われば戻ることもできるというのは親にとっても安心材料でしょう。

長生きに強い保険といえばトンチン年金

「トンチン年金？　随分変な名前だな」。確かにその通りで、トンチン年金ともトンチン保険とも言いますが、これは保険商品の名前と言うより、保険の種類の名前です。

17世紀のイタリア人銀行家であったロレンツォ・トンティの名前に由来しており、彼が考えたトンチン年金とは、一言で言えば「生き残った人の総取り」に特徴があります。つまり年金保険の加入者が亡くなっても死亡保険金は払わず、その分は生きている他の年金加入者の年金原資に回すので、長生きすればするほど多くの年金を受け取れる設計なのです。

一方で年金が支払われる年齢より早く亡くなると単なる掛け捨て保険になってしまうので、日本では普及しにくいと言われてきました。しかし今のように人生１００年時代、長生きリスクが問題だと言われる中では、長生きしたら得になるトンチン年金へのニーズはどんどん高くなってきています。「どうも自分は長生きしそうだ。その間に生活費が枯渇すると困るので、何とかしたい」と思う人にはうってつけの保険商品だとも言えるわけです。

先鞭を付けたのは日本生命で、2016年に長寿生存保険（低解約払戻金型）「グラン・エイジ」を出したところ、発売後1年で4万件もの契約が集まる人気商品になりました。これは50歳から87歳まで健康状態について無告知で加入でき、もともとのトンチン年金とは違って年金開始日前に亡くなっても全くの掛け捨てにはならず、解約払戻金と同水準の死亡保険金が出る設計になっています。

具体的に見てみましょう。商品には「5年保証期間付終身年金」と「10年確定年金」の2種類があり、長生きリスクに対応できるのは終身年金である前者です。ここでは5年保証期間付終身年金に50歳で契約し、男性が月5万7990円、女性が月6万2526円（2018年5月時点）の保険料を70歳まで20年間払い込んだとします。そうすると、年金開始の70歳以降は生きている限りずっと年額60万円の年金が受け取れます。これを基に単純計算すると、男性なら90歳以上、女性なら95歳以上長生きすれば払い込んだ保険料より多く受け取れるので〝元本割れ〟はなくなり、後は長生きするほど得になるというのが分かります。

注意が必要なのは、商品名の通り解約払戻金は70％と低く抑えられているので、死亡保険金や解約払戻金は払い込んだ保険料総額より常に少なく、加入直後だとほとんどゼロといったこともあることです。また5年保証期間付終身年金では年金開始から1年で亡くなっても、保証期間の残り4年分に相当する死亡一時金が出ます。それでも元本割れになるのは変わりません。

とにかく男女とも「平均寿命まで生きてもまだ元本割れになる」商品なので、自らの長生きを確信した人が、「長寿の資金需要に備えるためなら、結果的に多少は損をすることになってもいい」と、やはり半分掛け捨てに近いような感覚で入るのに向いていると言えます。

また公的年金も生きている限り受け取れる生涯年金であり、長生きするほど得になるので、「トンチン性が高い」と言われています。夫婦共に厚生年金の「ダブル厚生年金」の世帯ならそれだけでも生活できそうですが、「国民年金のみ」などで受取額が不足しそうな場合は、こういった民間のトンチン年金を公的年金と組み合わせ、補完に使うのもいいでしょう。平均寿命が長く、よ

りお金が必要になる妻だけが加入するのも一つのアイデアです。

トンチン年金には日本生命以外にも第一生命の「ながいき物語」、太陽生命の「100歳時代年金」、かんぽ生命の「長寿のしあわせ」などがあります。ながいき物語はグラン・エイジより利率が良く、男性89歳、女性93歳で元本割れがなくなるのが長所。また100歳時代年金は基本的に介護保障とのセット商品で、要介護状態になったら介護年金が生涯受け取れるなど、それぞれ後発商品ならではの強みを持っています。

なお国内のマイナス金利を反映して、最近は米ドル・豪ドルなど外貨建てのトンチン年金も登場していますが、こちらは最終的な円ベースでの受取額が為替相場次第で変動します。円建ての商品より早く元本割れ状態を脱して有利になる可能性がある半面、「為替のせいで、思ったよりも少ない年金しか受け取れなかった……」となる可能性もあり、多くの人にとっては使いこなしが難しい商品だと言えるでしょう。

第4章

4

ホームの中で起きていること

chapter 1

老人ホームの24時間

モーニングケアは朝4時から!?

親御さんが老人ホームに入ったら、そこではどのような生活を送ることになるのでしょうか。この章では、ホームに入居した後を想像できるように、ホーム生活の内幕を紹介します。

まずは1日の流れです。1章で説明しましたが、パック料金で24時間ケアを行う介護付き有料老人ホームや特別養護老人ホームと、時間で区切られた介護を行う住宅型有料老人ホーム、サービス付き高齢者向け住宅では、時間割が少しだけ異なります。また、自立の人が中心のホームと要介護者向けのホームでも当然、やることが異なります。ここでは例として、要介護者を主な対象とした介護付き有料老人ホームの典型的な1日をご紹介します。

老人ホームの朝はとても早いのが特徴です。まず、朝7時前後に「早番」と呼ばれる介護職が出勤してきます。

この早番の介護職は、夜勤者と協力して朝食の準備を行います。準備といっても料理をするわけではありません。一部の小規模な老人ホームを除いて、基本的に食事作りは外部の給食業者が担当します。介護職の朝食準備とは、入居者が8時に朝食を取るために行う本人の準備の支援（モーニングケア）を指します。具体的には、パジャマから部屋着への着替えや洗面、排せつなどの身体的な準備です。食前薬を飲む入居者がいる場合は、服薬管理も重要な仕事です。

配置されている職員の数は、ホームによって異なりますが、例えば60人定員のホームだと、夜勤者は2～3人、早番担当者も2～3人が一般的です。総勢5～6人の職員で60人の入居者を担当します。朝食の時間は職員1人当たり約10人の入居者を見ることになるわけです。

老人ホームでは、食事は備え付けの食堂で原則、入居者全員がそろって食べます。自室での食事は禁止であることが一般的です。これは食事中、職員が入居者の様子を見守らなければならないからです。高齢者が喉に食事を詰まらせて窒息死することを避けるためです。

ここで、介護経験のある方は気づいたことがあるのではないでしょうか。朝8時に入居者がそろって朝食を取れるように職員1人で10人分の準備をするには、確実に1時間以上かかるのではないかと……。

その通りです。8時に間に合うためには、早番が出勤する前に夜勤者が何人分かのモーニングケアを終えていないといけないのです。これができていないと、夜勤者は早番から「何をやっていたの！」と怒られ、「あの人は使えない」と職員の間で噂を流されることになります。

従って、夜勤者は早番の人に怒られない程度に、7時より前からモーニングケアを行います。モーニングケアの開始時刻はホームによってまちまちですが、私が知っているところでは5時台が最も多い印象です。中には「4時から行う」というところもありました。5時には食堂に出てきて、車いすに座りながら3時間ほどウトウトしている入居者がいるということです。

「4時はさすがに早過ぎる」「虐待ではないか」という批判もあるでしょう。しかし、これが現実です。もし、準備が間に合わずに朝食が8時を過ぎてしまったら何が起きると思いますか？入居者、特に認知症の方が「何でいつもの時間に食べられないのか！」と大騒ぎし始め、ホームが混乱に陥ることになるでしょう。認知症の人の中には、こうした予定外の事態に対応できず、不機嫌になってしまう人が一定数いるのです。これだけは避けないといけないので、職員たちは前倒しで対応せざるを得ません。早い時間からモーニングケアを始めるホームの特徴は、①職員数が少ない、②重度でケアに時間のかかる人が多い――のどちらか、もしくは両方です。

もっとも、入居一時金が数千万円するような高級ホームでは、職員配置数が多いため、比較的ゆとりのある朝を迎えていると思いますが……。

10時に皆でそろってお茶を飲む理由

多くの老人ホームでは、9時頃からがいわゆる日勤帯になります。職員を手厚く配置して〝通常営業〟を行う時間帯です。配置職員数は、同じく60人定員のホームであればホーム長などの管理職と生活相談員、ケアマネジャー、事務系職員、介護主任などの運営責任者が1人ずつ、看護師1～2人、介護職は4人（早番3人と合わせると7人）ほどです。介護職と看護師を合わせると9～10人で、1人当たり6～7人の入居者を担当することになります。

ここで、こんな疑問を抱いた方はいないでしょうか。「介護付き有料老人ホームの職員配置は『3対1以上』と言われているけど、これは入居者3人に対して職員1人が付いているということではないの？」……それにしては職員数が少ないですね。

この「職員1人」というのは、常勤（週5日8時間勤務が一般的）の職員（介護職＋看護師）が1人という意味です。つまり、60人定員のホームなら、こうしたフルタイム勤務の人が20人いれば「3対1」を満たすことになります（非常勤職員は常勤に換算して人数を足していきます）。実際は少し余裕を持って二十数人の介護職と看護師がいて、彼らが日勤、夜勤、早番、遅番とシフトを組んで24時間365日をケアするため、日勤帯に出ている職員は10人弱となるのです。

これが「1・5対1」の高級ホームになると、ざっと倍の職員数になります。

1日の流れに話を戻しましょう。8時から9時頃までに入居者の朝食が終わると、各自が居室で一休みした後、9時過ぎから順次、入浴が始まります。自立者が多いホームには大浴場がありますが、要介護者がメインのところは「個浴」という1人用のお風呂に入ることが多いため、一人ひとり呼ばれて行くことになります。入浴と並行して、居室整備、つまり居室内の清掃が始まります。

9時前後の時間帯、ここで職員たちによる「申し送り」が行われます。夜勤者から日勤者への伝達事項や、ホーム長から職員に周知すべき内容が伝えられる朝礼のような時間です。

10時からは食堂や大広間で簡単なレクリエーションを兼ねてお茶の時間です。基本的に強制参加だと思ってください。テレビなどを見ながらコーヒーやお茶を飲みながら談笑したり、簡単なレクリエーションとして一緒に体操をしたりします。

では、老人ホームではなぜ皆がそろってお茶を飲んだりレクリエーションを行うのでしょうか。「各自が自由に過ごせばよいではないか」と思う方もいらっしゃるはずです。でも、私の経験上、ホーム側から何もアクションを起こさなければ、入居者の多くは24時間ベッドの上にいる人ばかりです。つまり、ずっと寝ています。

「廃用症候群」という言葉を聞いたことがある方はピンとくるはずですが、高齢者の場合、何もせず、自室内に閉じこもって寝てばかりいると、体の機能が使い物にならなくなっていきます。足腰が弱くなり、認知症が進み、やがて寝たきりになります。

老人ホームに入居した高齢者が廃用症候群になって寝たきりになったら、ホームの面目丸つぶれです。家族から、「職員は一体何をしていたのか！」と非難されることでしょう。従って、ホームでは入居者をあの手この手を使って居室の外に出して、ホーム内外に連れ出します（この「程度」については、2章の「自立支援」［126ページ］の部分で書いています）。だから、レクリエーションで体や頭を使ってもらいますし、食事はできるだけ食堂で食べてもらうようにしているのです。熱心なホームでは、外出や外食などのイベントを企画し、入居者を積極的に外に連れていきます。

モチベーションアップが介護職の仕事

ちなみにこれらのレクリエーションについて、入居者はどう思っていると皆さんは思いますか。喜んでいると思いますか。実際は一部の入居者を除いて、多くの人が「放っておいてほしい」「余計なお世話」「苦痛だ」という感想を抱いています。

「朝ご飯の時間ですよ」

「今日は食べたくない」

「お風呂に行きましょう」

「今日はパス」

「10時なので食堂でお茶を飲みませんか」

「飲みたくないよ」

「午後から近所の公園へ散歩に行きましょう」

「寒いからやめておくよ」

といったやり取りが、どのホームでも繰り広げられているのです。

高齢者がこうした反応を見せる理由は、多くの場合「面倒だから」です。皆さんも経験はありませんか。仕事で疲れて深夜に帰宅したときなど、お風呂に入るのが面倒になって寝てしまうことが。普段は面倒だとは思っていなくても、疲れていると何ごとも面倒になります。高齢者は身体機能の衰えによって「常に疲れている」状態です。モチベーションが常に下がっているので、まずはモチベーションを高めるところから始めなければなりません。介護職の仕事の大部分は、嫌がっている入居者を上手に食堂に誘導したり、入浴に誘導したり、お茶を飲ませたり、運動をさせたりすることなのです。


「お風呂に行きましょう」

「今日は入りたくないよ」

「お風呂は気持ちいいですよ」

「嫌だよ。面倒くさい」

「面倒なことは、私がお手伝いしますから入りましょう」

「どうしようかな」

「さあ、入りましょう。今日は菖蒲湯です」

「じゃあ入ろうか」


といった説得を毎日繰り返しています。

たかが食事、たかが入浴ですが、様々なやり取りや手続きが10人の入居者がいれば10通りの方法で存在します。これが介護なのです。もちろん、職員の立場を理解してくれているのか、それとも抵抗しても無駄だと諦めているのか、文句一つ言わずにホームの時間割を淡々とこなしていく人もいます。

食事の際に注意を払う「禁食」

日勤帯のメインイベントは、12時頃から始まる昼食です。昼食は朝食よりも品数が多いため、配膳などの手間が多少かかります。例えば、ラーメンやうどんなどの麺類が出ることもあります。温かい麺類は伸びないように手早く配膳しなければなりません。

品数が増えると、同時に「禁食数」も増えていきます。禁食というのは、各入居者がアレルギーなどの理由で口にすることができない食べ物です。間違って提供すると一大事になるため、非常に気を遣います。例えば、サバがダメな人は「サバ禁」という情報を職員と給食業者で共有しておき、サバの味噌煮が出る日は、サバ以外の代替品を提供しなければなりません。

15時からは、リビングなどでまたレクリエーションが始まります。そしてこの間も、順次、入浴は続いていきます。なお、特別養護老人ホームや介護付き有料老人ホームでは、介護保険法上、入浴が週2回以上と決められています。入居者が嫌がる場合でも、ホーム側は最低、週2回は入浴させ、保険者に対して報告しなければなりません。

18時からは夕食が始まります。夕食も昼食ぐらいの品数が出てきます。早番の勤務者は16時に退勤しますが、ホームによっては「遅番」が13時頃から出勤して、夕食の準備から就寝の準備

■ 介護付き有料老人ホームの典型的な1日

	入居者がやること	職員の動き
0:00		
1:00		
2:00		
3:00		
4:00		
5:00	順次、起床して朝食の準備	夜勤者がモーニングケア開始
6:00		
7:00		早番が出勤
8:00	朝食	
9:00	順次、入浴開始	日勤者が出勤、申し送り、夜勤者が退勤
10:00	お茶タイム、レクリエーション、入浴	
11:00		
12:00	昼食	
13:00		遅番が出勤
14:00		
15:00	お茶タイム、レクリエーション、入浴	
16:00		早番が退勤
17:00		
18:00	夕食	夜勤者が出勤、申し送り、日勤者が退勤
19:00		
20:00	ナイトケアを受け、就寝	
21:00		
22:00		遅番が退勤、夜勤体制に
23:00		

までの工程を担当します。介護で手間がかかるのは「食事」と「入浴」ですので、日勤帯で入浴介助を行いながら、朝食、夕食の準備のために早番や遅番を入れて人手を確保しているというわけです。また、病院への受診同行や買い物同行など、外出関係の業務にも人手が要ります。こうした外出関係の業務にきちんと対応してくれるホームは、職員が比較的手厚く配置されていると判断できます。

夕食が終わると、入居者は部屋でのんびり過ごします。そして順次、着替えや洗面など就寝に向けた準備である「ナイトケア」が始まります。ナイトケアは22時頃までには終わり、遅番は帰宅。その後は夜勤者が1人ずつ、休憩に入りながら常時2人体制（3人勤務の場合）で、緊急事態に備えます。ホームによって夜勤者の役割は様々ですが、基本的に1～2時間に1回、各居室を巡回して利用者の体調に変化がないか、呼吸状態に問題がないかを確認します。最近はこの夜間巡回を、「見守りセンサー」なるＩＴ機器で行っている施設もあります。

このほか、夜勤者は必要に応じて寝返りの介助や排せつ介助、認知症で徘徊する入居者への対応などを行います。看護師が夜間も常駐しているホームでは、必要な人に対して定期的にたん吸引などの医療処置を行っています。

いかがだったでしょうか。職員都合の視点もあえて盛り込みながら、老人ホームの24時間を描いてみました。「集団行動が多くてやや窮屈だ」と感じた人もいらっしゃったのではないでしょうか。もちろん、自立者の多いホームや住宅型有料老人ホームでは様相が異なります。また、職員数が多いホームも人手に余裕があるため、少しは柔軟な生活ができます。とはいえ、ある程度は全体最適が優先され、それに逸脱した人には我慢を強いてもらう――、これが老人ホームの実際の姿なのです。

では、こうした老人ホームの生活に合うのはどういった性格の人なのでしょうか。続けて見ていきましょう。

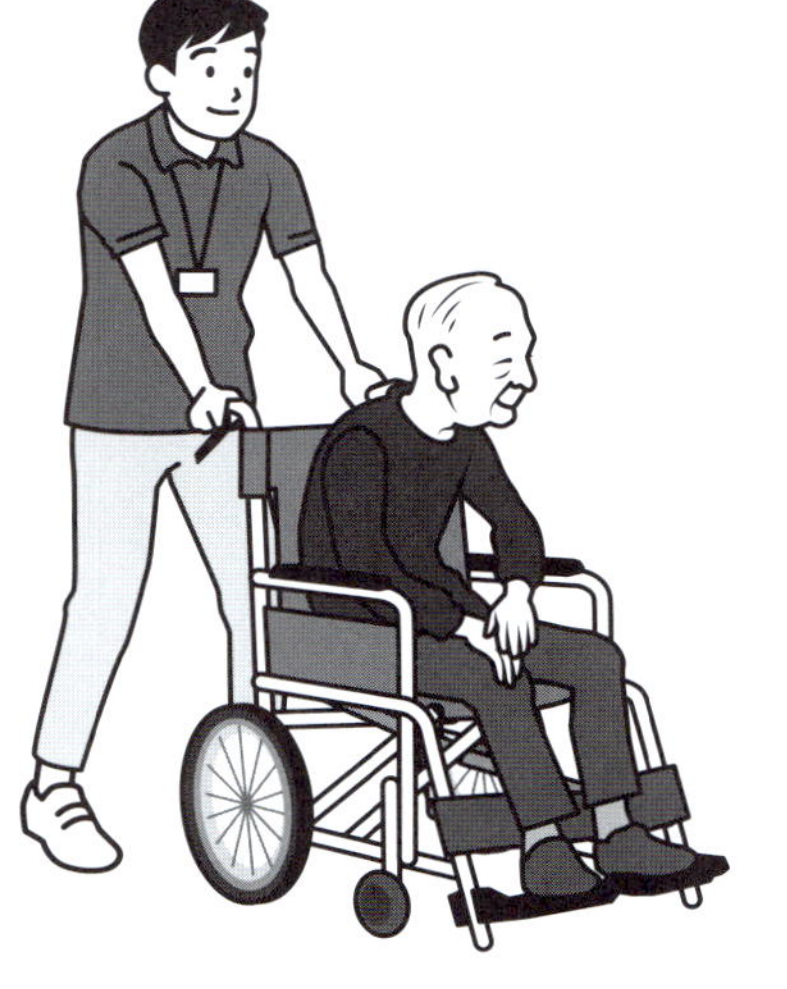

あなたの親はホームでうまくやれるタイプ？

前のチャプターでも紹介したように、老人ホームは「集団生活の場」です。そこには一定のルールや秩序がありますので、それに順応できるかどうかがホームで穏やかな生活を送る鍵になります。ここでは、ホームでうまくやっていけるタイプについて、説明していきます。

うまくやれるのは圧倒的に女性

最初に、私は性差別主義者でも何でもないのですが、老人ホームに入居してうまくやれるのは、圧倒的に女性です。私の経験上、男性は残念ながら、ホームの生活に向いていない人が多くいます（もちろん大丈夫な人もいます）。私は専門家ではないので、推測の域を出ないのですが、女性は地位や肩書、学歴、年齢などが価値を持たないフラットな環境で友達をつくるのがうまいからではないかと思います。「ママ友」や「井戸端会議」などを思い浮かべると、納得していただけるのではないでしょうか。老人ホームは、入ってしまえば皆フラットな環境で友達をつくらないといけません。一方、男性は「私が昔、〇〇の会長を務めていた頃……」「彼は〇〇大学の〇年卒で……」といった話をしたがります。ホームでこの手の話は絶対に受けません。「あいつは学識がないから話したくない」といった妙なプライドも友達づくりを邪魔します。

こだわりをコントロールできるか

次に、ホームの生活に向いているのは自身のこだわりをコントロールできる人です。何十年も生きてきたのですから、自身の生活にこだわりがあるのは当たり前です。しかし、「老人ホームの24時間」でも述べた通り、老人ホームは多かれ少なかれ、個人よりも全体最適を優先する側面があります。この論理とうまく付き合わなければなりません。

例えば、散歩するでも新聞を読むでもいいですが、朝食前のルーティンがあるとしましょう。「それができなければ、朝食は食べない！」とごねるか、それとも職員と交渉して、ルーティンの大事な部分を1つ取り入れてもらうかでは、ホーム生活の快適さが大きく異なります。ホームの食事だって、いつも味が薄いと思うのであれば、梅干しを自腹で購入して、食事のたびに出してもらうといった対応ができるかもしれません。手間・コストがそれほどかからず、入居者がニコニコと食べてくれるのであれば、介護職は喜んで梅干しを出してくれるはずです。

多くの老人ホームでは集団行動を強いられます。これはホーム側の都合もありますが、そうすることで料金が抑えられているという経済的な側面もあるのです。「毎月100万円の月額利用料を支払える」という人がいれば、何もホームに入る必要はありません。自宅を改築したり自分専用の介護仕様の家を建て、24時間体制で自分専用の介護職・看護師を雇用すればよいのです。大御所芸能人や超富裕層の多くはそういう晩年を送っています。

社交性は得になるが、実は内気でも大丈夫

社交的な人は一般的に老人ホームでの暮らしに向いています。積極的に周囲に話しかけたり、明るく提案をする人は、楽しそうに生活を送っています。

しかし、社交的でなくても安心してください。老人ホームの介護職はやや特殊なホスピタリティを持っているからです。介護や福祉の理念として、「声なき声に耳を澄ませなさい」という考え方があります。つまり、自己主張をしなくても、その人の性質や人間性を把握した上で、顔色などをうかがいながら適切な声かけをするという訓練を職員は積んでいるのです。

ある内気な入居者が「レクリエーションに参加したがっている」と職員が気づいたとしましょう。すると「Aさんも参加しませんか」と言って職員が参加を促してくれるはずです。本当に参加したくなければ「No」と言うべきですが、そうでなければ素直に参加すればよいのです。介護職は、入居者を「促し」「誘導」するスキルを持っています。ここは、提案を受けて動き出

■ 老人ホームでうまくやれる人、合わない人

うまくやれる人

フラットな環境で友達をつくれる人（女性に多い）

こだわりをコントロールできる人

社交的な人

内気でも素直な人

合わない人

地位、肩書、上下関係を意識する人（男性に多い）

こだわりに固執する人

内気な上に、職員の誘いに素直になれない人

すホテルの従業員などとは違う、介護の特殊なホスピタリティだと言えます。

そう考えると、老人ホームに向いているのは社交性を問わず素直な人ということになります。逆に誘っても、「うるさい」「放っておいてくれ」などと言う人は向いていません。当然、介護職はある程度、こうした人の扱いに慣れています。でも、何度も断られると、「そっとしておこう」と思われ、声をかけてもらえなくなるでしょう。

ただし、面白い現象ですが、多くの介護職から嫌われている入居者であっても、特定の介護職と〝相思相愛〟になっていることはよくある話です。介護職たちから「あの人の部屋に行きたくない」と避けられている入居者は結構いますが、その人にも大抵、「担当介護職」がいて、その職員にだけは素直に従うという光景はホームの日常です。

chapter 3

こんな家族は嫌われる

家族の振る舞いが入居者の幸せを左右する

親御さんが老人ホームに入居した後、家族はどう振る舞うべきか――。これは、入居者が幸せな余生を送るにあたって重要なファクターになります。

繰り返しになりますが、介護職も人間です。入居者のわがままであれば業務としてまだ対応できても、家族の無理解な振る舞いや理不尽なクレームにずっとさらされていると、堪忍袋の緒が切れてしまうことがあります。もちろん、そうなっても職員は家族の前ではおそらく我慢をするでしょう。我慢に我慢を重ねて、「もう無理だ」と判断したときに多くの職員はその施設を辞めていきます。そして、ほんのわずかですが、中には怒りの矛先を入居者に向けてしまう職員もいるのです。

悲しい話ですが、たまに、老人ホームで職員が入居者を虐待したというニュースを目にします。私が伝え聞いた幾つかの事例の中にも、その虐待の背景に「理不尽な家族への怒りがあったのではないか」と業界内で噂になったケースが存在します。私の介護職としての経験から言っても、普通に考えて、介護職が入居者を虐待しようという心理になることはあり得ません。入居者がいくら手がかかろうが、その生活の支援をすることが介護職の仕事だからです。「虐待をしよう」といった感情になるには、よほどのきっかけがあるはずです。このきっかけの一つに「家族への怒り」があるのだと私は解釈しています。

面会制限中も何食わぬ顔で来る家族

老人ホームへの家族の関わりについて見ていきましょう。

まず、公式な場として、多くの有料老人ホームでは定期的に「運営懇談会」というものが開かれます。特別養護老人ホームでも同様の取り組みがあります。この運営懇談会では、ホームが入居者本人や家族を集め、ホームの現状やサービスの提供内容を報告します。これに対して入居者や家族は、意見や要望を伝えます。

何らかの事情でホームでの生活を見直さなければならないときは、ホームから個別に呼ばれて生活相談員やホーム長などと話し合うことになります。具体的には、身体状況が悪化したから居室を移動する相談をされるとか、認知症が進んできたので、金銭管理を家族が行わなければならないようになるといったことです。必要なら、家族側から随時ホームに提案してもいいでしょう。

家族がホームを訪れる理由として最も多いのが、入居者との面会です。めったにホームに来ない家族（私が昔勤めていたホームでは「カリフォルニアの親戚」と呼ばれていました）もいますが、多くは毎日〜年2回などのペースで定期的にホームを訪れます。

では、どのような家族がホームの職員から歓迎されるのでしょうか。

言うまでもありませんが、職員から歓迎される家族は、ホームの取り組みや実情に対して理解がある人たちです。ホームは、高齢者が日々、生活を送っている場ですので、様々なドラマが起こります。中には、入居者や家族に不利益をもたらす事態が生じることもあります。そんなときも一方的に職員を責めずに、一定の理解を示すことができる家族は、職員から信頼されます。

例えば次のようなケースがあります。冬になると、多くのホームではインフルエンザやノロウイルスなどの感染症が猛威を振るいます。その対策として、ホームでは面会制限を実施します。平たく言うと、「緊急の用事がない家族はホームに来ないでくれ」ということです。しかし、このような状況でも、当たり前のようにホームを訪れる家族が存在します。さらにこういう人は、親がインフルエンザにかかろうものなら、ここぞとばかりにホームの管理責任を追及してきます。

介護職にまともな感性があれば、インフルエンザに感染した入居者に対しては、心を痛め、細心の注意を払いながら看病しています。インフルエンザには数日の潜伏期間もありますから正確な感染経路など分からず、対策は面会制限と患者の隔離ぐらいです。それなのにわざわざ面会制限中にホームに来て、管理責任を追及して、「どの人からうつされたのかしら」などと詮索してくれば、職員だって「この家族はいかがなものか」と思うはずです。

「自分の親さえよければ他人はどうでもよい」「私の親を特別扱いしてくれ」と言わんばかりの行動を取る家族は、介護職から嫌われます。

記念日に大人数で押し寄せ、酒盛りを始める家族

ホームにあまりにも頻回に、それも大人数で訪問する家族も、場合によっては職員から嫌な目で見られます。家族の中には、入居者の孫の成人式や婚約などの際に、親戚や婚約相手を伴って面会に来ることがあります。それ自体はいいのです。その光景は、介護職から見ても実にほほえましい光景ですし、入居者も本当に幸せそうな顔を浮かべています。

ただ、その裏で介護職には慎重な対応が求められていることを心に留めておいてください。理

由は、多くの来客があると、通常業務に支障を来すことがあるからです。例えば、入居者のAさんの下に10人のお客さんが来た場合、まずは10人分の椅子やテーブルをAさんの居室に準備しなければなりません。当然、一般的なホームの居室には10人分の椅子を置くスペースなんてありません。すると、食堂などで対応する必要が出てきます。次に、Aさんとその家族、計11人分のお茶を出します。お茶を出せば片付けなければなりません。ひどい家族になると、そのまま酒盛りになったり、日が暮れるまで居座るケースもあります。

家族の皆さんには、次のことをよく理解した上で、訪問してほしいと思います。老人ホームの介護職は、1日を通してやらなければならない業務が決まっており、業務時間内に決められた業務以外に割ける時間はおおむね30分程度です。つまり、訪問者の対応をしている時間は最大で30分だということです。もちろん、そのようなことを訪問者には言いたくても言えません。我慢するしかないのです。

家族側ができることは、職員の追加負担が少しでも減るような行動です。先の例では、親御さんを食堂に連れ出すために車いすを押したり、お茶を運ぶのを手伝うと喜ばれるでしょう。また、他の入居者が食堂を使う時間を避けて訪問するように、時間調整をするのも大切です。

とはいえ、家族にしかできないこともあります。入居者の愚痴を聞いてストレスのはけ口になったり、入居者の言葉から職員が気づかないような改善点を見つけて指摘したりするなど、ホームの円滑な運営には家族の協力が欠かせません。家族とホームの職員の両者が協力し合って入居者を支えるという構図が理想なのだと思います。

なお、老人ホームの職員から好かれるようになるのはとても簡単です。あなたがホームを訪れたときに、どうぞ一言「いつもありがとう。おかげで私は助かっています」と職員に声をかけてください。どの職業でも同じでしょうが、とりわけ介護職は「誰かのために自分が役に立ちたい」と思って仕事をしています。あなたが助かっているのを実感できれば、親御さんに対する介護にも一層力が入るはずです。

介護保険制度の基本精神

皆さんは介護保険制度の基本的な精神・思想をご存じでしょうか。「自助」「互助」「共助」「公助」という「4つの助」を基本精神として制度設計されています。サービスを受ける側から見ると、介護保険制度には理不尽に思える点が幾つか存在します。しかしこの精神を理解すれば、制度に対する納得感が増すはずです。

「自助」とは、「自分でできることは、まず自分でする」ということです。つまり、自分で歩けるなら自分で歩く、自分で着替えられるなら自分で着替えるということです。もし生活の全てを介護職からサポートしてもらおうという考えなら、介護保険外のサービスを利用しなくてはなりません。

「互助」も同じです。お互いさまで助け合うという意味ですが、介護では、子どもなど家族の支援やボランティアのことを指します。親の受診のために家族が付き添ったり、親の部屋が汚れていれば家族が掃除をしたりすることは、介護保険の精神に基づけば「当然」のことになります。自助と互助の精神がないと、介護保険制度はいずれ破綻に向かうと考えられています。

「共助」は介護事業者からのサービスのことをいいます。老人ホームでは、自助、互助でも支えられない困りごとに対して、専門家の介護職が支援するわけです。この原資が現役世代の支払う介護保険料であることも忘れてはなりません。

「公助」は公共機関が用意する最後のセーフティーネットのことです。つまり、自分でできず、家族などの支援も難しく、介護事業者の支援だけでも限界がある場合に、例えば最後の手段として生活保護などの公助が効力を発揮します。

世の中には、「同じ費用を払っているのに、あの人ばかりお世話されている」「介護保険は1割負担なのだから、全額使わないと損だ」などと考えている利用者が残念ながらいます。また、「限度額の枠を上げるため、体が悪いフリをして要介護度を上げましょう」などと入れ知恵するケアマネジャーや老人ホーム事業者もいます。こうした利己主義的な考えが積み重なることで、将来、介護保険制度の崩壊を招き、自分たちやその子孫を苦しめることになるかもしれません。

あとがき

時代の流れだと言ってしまえばそれまでですが、老人ホームに対する世間の注目度はますます高まっています。しかし、老人ホームに長年関わってきた私が受けている印象は、「老人ホームはほとんど進化をしていない」ということです。提供している介護の内容にフォーカスすると、むしろ以前より劣化しているのではないかと考えさせられることも少なくありません。理由は様々なのですが、私は次のように考えています。

2000年に介護保険制度が始まりました。それまでは「措置制度」として、支援が必要な人に対して市区町村が事業者やメニューを選び、本人にあてがう形で提供していた介護が、利用者と介護事業者との契約に基づくサービスの提供に替わりました。業者間の切磋琢磨による介護の質向上が目的の一つでしたが、実際は「サービス」という言葉だけが独り歩きし、接遇やマナーという外形的な分かりやすいものだけが「サービス」として強調されました。結果、本当の意味での「サービスとは何ぞや」という追究を置き去りにしたまま、今も走り続けています。

介護がサービスになった結果、業界には不都合なことがたくさん起きました。利用者、入居者、家族が「お客様」という名の暴君となり、介護職が奴隷以下に成り下がった事例を私は幾つも知っています。介護職という仕事は本来、非常にやりがいがあるものなのですが、こうした実態が明らかになるにつれ、学生からの人気が一気に落ちていきました。あるモンスター入居者に対して、「ここまで言われたらもう黙ってはいられない」と、あるホームの介護職たちが一斉に辞めました。残された入居者の多くは、罪もない心優しい人たちでした。

では「サービス」とは、一体何でしょうか。多くのサービス業を見ると、そこには歴然とした差別や贔屓(ひいき)が存在します。航空会社では、得意先やファーストクラスの利用者に優先的なサービスメニューを用意しています。高級ホテルも常連客に対して「ゴールド」「ダイヤモンド」などの会員ステータスを用意し、特別な対応をしています。しかし、この差別的な対応にクレームを言う利用者を見たことがありません。多くの利用者が特別扱いをしている理由に納得しているからでしょう。「お金を払えば特別扱いをされるのは当たり前だ」という共通認識がそこにはあります。

それでは、老人ホーム業界、介護業界はどうでしょうか。サービス業であれば、事業者に多くのお金を払う人を特別扱いして、貧乏な人に対しては最低限のことをするのが定石だと思うのですが、介護保険事業でこれをやると間違いなく批判にさらされます。このようなことを口にするのもはばかられるのが現実ではないでしょうか。

つまり、介護業界は「サービス」「サービス」と言いながら、長年、実態はサービスになりきれていないということです。なるべく全員に、公平、平等な支援を提供するという制度に基づく「措置制度」、つまり福祉の状態のまま、今に至っていると私は考えています。そして最近、「自費の介護サービス」というジャンルが存在感を増してきています。福祉としての介護保険、サービスとしての介護保険、そして自費の介護サービス、これらが共存している矛盾に対してどう向き合うかが今、業界に突き付けられています。

高齢者介護をこのまま本当のサービス業として確立させていくのか、それとも最低限の支援だけを切り出して措置制度に戻すべきなのか。今後、この矛盾の解消に向けた政策が次々に打ち出されるのではないかと私は予想しています。

このような混乱した状況の中で各種サービスを見極め、「これ」という老人ホームを見つけるのは、とても骨が折れる作業でしょう。本当に悩ましい問題だと思います。本書は特に、親に感謝し、親のことを大切に考えている子世代の方々のお役に立ちたいと考えながら、書き上げました。偏った意見も多少あるとは思いますが、時間のない皆様向けに、シンプルなメッセージを心がけたつもりです。

本書を購入いただき、読んでいただいた全ての皆様が、親御さんが幸福になれる老人ホームに出会えることを心から祈念して、私のあとがきとさせていただきます。

また、本書を執筆する上で日経ＢＰの江本哲朗氏、大口克人氏両氏から、多大なるご支援とご協力を頂いたことをここに記し、両氏に対し深く感謝を申し上げる次第です。

晩秋の夜、自宅にて

小嶋勝利

小嶋勝利（こじま・かつとし）

（株）ASFON TRUST NETWORK 常務取締役。1965年神奈川県生まれ。日本大学卒業後、不動産開発会社勤務を経て日本シルバーサービスに入社。介護付き有料老人ホーム「桜湯園」で、介護職、施設長、施設開発企画業務に従事する。2006年に退職後、同社の元社員らと、有料老人ホームのコンサルティング会社ASFONを設立。2010年、有料老人ホーム等の紹介センター大手「みんかい」をグループ化し、入居者ニーズに合った老人ホームの紹介に加えて、首都圏を中心に複数のホームで運営コンサルティングを行っている。著書に『誰も書かなかった老人ホーム』（祥伝社新書）など。

親を大切に考える子世代のための

老人ホームのお金と探し方

2019年11月25日　初版第1刷発行

編著者	小嶋 勝利
発行者	原田 衛
発　行	日経BP
発　売	日経BPマーケティング 〒105-8308 東京都港区虎ノ門4-3-12
装丁・制作	伊藤 健一（エステム）
イラスト	おおしま ひろこ
編　集	江本 哲朗、大口 克人
印刷・製本	株式会社廣済堂

ISBN978-4-296-10395-9

本書に関するお問い合わせ、ご連絡は下記にて承ります。
https://nkbp.jp/booksQA